猿渡由紀

ウディ・アレン追放

Canceling Woody Allen

文藝春秋

ウディ・アレン追放

ウディ・アレン追放◉目次

はじめに

パーク・アベニューにある彼のオフィスでウディ・アレンに会ったのは、二〇〇九年の冬のことだ。

それまでにもカンヌ映画祭の記者会見などで取材したことはあったが、間近で見る彼は、思ったより小さくて、歳を取っていた。もっとも、当時彼は七十五歳になろうとしていたのだから、そう見えて当然だ。それでも、声こそか細いものの、頭の回転の速さとユーモアのキレは、やはりさすがだった。

「ストーリーのアイデアは、常にたくさんある」と、ウディはいう。「ひどいアイデアがね。それを紙に書き出して、広げて、並べてみるんだ。中には、良くなっていくアイデアもあるし、そこから別のアイデアにつながるものもある。ひどいアイデアを映画にしてしまって、ひどい映画を作ってしまうこともある。だが、頭の中にアイデアがいつもあるのはたしかだよ」

　リハーサルもせず、テイクも少ないウディは、一年に一本のペースで映画を作ってきた。そんな芸当は、働き盛りの監督でも、なかなかできることではない。しかし、ウディにすれば、「全然大変じゃない」ことだ。

「土木作業を一年ずっとやるなら大変だろうけど。脳外科手術をやるわけでも、月に人を飛ばすわけでもない。脚本なんて二カ月もあれば書ける。映画作りなんてハードじゃないさ。四カ月に一本とでもいうなら難しいだろうが、一年に一本なんだから」

　だが、そのクリエイティビティの泉は、二〇一七年の秋をきっかけに、突如、湧出を止めた。「ニューヨーク・タイムズ」紙と「ザ・ニューヨーカー」誌が、大物プロデューサー、ハーベイ・ワインスタインの長年にわたるセクシャル・ハラスメントを暴露したことをきっかけに、他のセクハラ男も続々と槍玉に挙げられ、ウディの過去の幼児虐待疑惑にも、あらためて焦点が当たったからである。

　一九九二年、ウディが、十二年もつきあったミア・ファローの養女ディラン（当時七歳）に性的虐待を加えた容疑で捜査されたのは、当時、大きなスキャンダルとなった。しかし、この時は無罪とされたこともあり、以降、世間はそのことをほとんど気にとめることはなかった。その事情が、「#MeToo」運動が盛り上がるにつれ、変わってきたのだ。

まず、その渦中で公開された「女と男の観覧車」（二〇一七）が、失敗に終わった。その原因が「#MeToo」のせいなのか、単に映画に魅力がなかったからなのかはわからないが、続いて、ウディが撮り終わったばかりの「レイニーデイ・イン・ニューヨーク」（二〇一九）の公開が延期になる。とりあえずの延期だったはずが、まもなく永遠に中止となり、それどころか、「女と男と観覧車」「レイニーデイ・イン・ニューヨーク」を北米配給し、その後も三本の契約を結んでいたアマゾン・スタジオは、一方的にその契約を破棄してしまった。

さらには、俳優たちがこぞって彼と距離を置くようになったのである。映画俳優組合が規定する最低賃金しか払わなくても、どんな大物をも得られていたウディは、急速に「組んではいけない人」になってしまったのだ。アマゾンに代わってウディと契約を結びたがる会社もなく、それどころか、「レイニーデイ・イン・ニューヨーク」に助け船を出す会社すら現れない。ウディは、突然、少なくともアメリカにおいては、完全失業してしまったのである。

この転落を喜んだのは、ほかでもない、ウディの唯一の実の息子ローナン・ファローだ。「ザ・ニューヨーカー」誌にワインスタインの暴露記事を書き、ピューリッツァー賞を受賞したローナンは、姉ディランを虐待した父を恨み続けてきた。ローナンにとって、父ウディは、「#MeToo」の最大の加害者。しかし、ウディは、当時幼かったローナンとディランの記憶は、ミアに刷り込まれた嘘の記憶だと主張している。ウディによると、ミアは、やはり養女であるスンニとウディが秘密の関係をもっていたことを知って復讐に燃え、性的虐待の嘘を思いついたというのだ。ウディの現在の妻であるスンニも、ウディの説を支持する。ミアの養子で、事件当時十四歳だったモーゼスもウディ派だ。一方で、ディランは、今も父から受けた虐待の辛さを訴え続けている。

ディランの言葉に心を動かされる人々は、ますますウディと距離を置こうとする。一方で、ウディは捜査で無実となったではないか、と指摘する声もある。実際のところ、多くの人は、一九九二年から一九九三年にかけて起こったことをよく覚えていないか、ほとんど知らない。にもかかわらず、この件について、個人の意見はさまざまである。

一九九三年の親権裁判でエリオット・ウィルク判事が判決文で述べたように、真実はおそらく永遠に二人にしかわからないのだろう。それでも、ここでは、これまでにどんな経緯があったのかを、わかっている限り、振り返っていきたい。その上で、読者それぞれが判断していただければと思う。

サチェル・“ローナン”・ファロー（実子、男子）
生まれた年：1987年
父親：ウディ・アレン

タム・ファロー（養子、女子）
養子に引き取られた年：1992年
引き取られた時の年齢：13歳前後（＊盲目）
出身地：ベトナム
父親：なし
2000年、19歳で死亡

イザイア・ファロー（養子、男子）
養子に引き取られた年：1992年
引き取られた時の年齢：乳児（＊薬物依存症の母から生まれる）
出身地：アメリカ
父親：なし

クインシー・ファロー（養子、女子）
養子に引き取られた年：1994年
引き取られた時の年齢：乳児（＊腕に障がいあり）
出身地：アメリカ
父親：なし

タデウス・ウィルク・ファロー（養子、男子）
養子に引き取られた年：1994年
引き取られた時の年齢：12歳前後（＊対麻痺）
出身地：インド
父親：なし
2016年、27歳で死亡

フランキー＝ミン・ファロー（養子、女子）
養子に引き取られた年：1995年
引き取られた時の年齢：4歳前後（＊盲目）
出身地：ベトナム
父親：なし

ミア・ファローの子供たち一覧

マシュー＆サーシャ・プレヴィン（実子、双子、男子）
生まれた年：1970年
父親：アンドレ・プレヴィン

ラーク・ソング・プレヴィン（養子、女子）
養子に引き取られた年：1973年
引き取られた時の年齢：乳児
出身地：ベトナム
父親：アンドレ・プレヴィン
2008年、35歳で死亡

フレッチャー・プレヴィン（実子、男子）
生まれた年：1974年
父親：アンドレ・プレヴィン

サマー・"デイジー"・ソング・プレヴィン（養子、女子）
養子に引き取られた年：1976年
引き取られた時の年齢：乳児
出身地：ベトナム
父親：アンドレ・プレヴィン

スンニ・プレヴィン（養子、女子）
養子に引き取られた年：1978年
引き取られた時の年齢：推定７歳
出身地：韓国
父親：アンドレ・プレヴィン

モーゼス・ファロー（養子、男子）
養子に引き取られた年：1980年
引き取られた時の年齢：２歳（＊脳性麻痺）
出身地：韓国
父親：1991年、ウディ・アレンと養子縁組

ディラン・ファロー（養子、女子）
養子に引き取られた年：1985年
引き取られた時の年齢：乳児
出身地：アメリカ
父親：1991年、ウディ・アレンと養子縁組

第一章　二度の結婚と二度の失敗

一九九二年八月、自身の養女ディランへの性的虐待と、ミア・ファローの養女であるスンニとの深い関係が世間を騒がせるまで、ウディ・アレンは、順風満帆な人生を送ってきた。十七歳でコメディライターとしてのキャリアを歩み始めたウディは、そこからテレビのライター、スタンダップコメディアンへとステップアップし、三十一歳だった一九六六年、「どうしたんだい、タイガー・リリー」（日本未公開）で映画監督デビューを果たした。その映画はウディにとって不本意極まりないもので、自分の名前を監督から外して欲しいと訴訟まで起こしたのだが、その三年後には、完全に自分でコントロールした「泥棒野郎」（一九六九）で真の意味での監督デビューした。その時までに、ウディはたっぷりと華やかな女性関係を楽しみ、結婚を二回もした。

〝ウディ・アレン〟は、コメディライターを始めた頃に名乗るようになった芸名。本名はアレン・スチュワート・コグニスバーグだ。生まれたのは、一九三五年十二月一日、ニューヨークのブロンクス。家はブルックリンだったのだが、母は、実家のあるブロンクスでウディを出産したのである。父マーティンと母ネティは、いずれもニューヨーク生まれのユダヤ人。マーティンの父、つまりウディの祖父であるアイザックは、大恐慌でほとんどの資産を失うまで、ブルックリンにいくつもの映画館やタクシーを数台所有するほど成功し、仕事以外でもヨーロッパに旅行をするほど羽振りが良かった。しかし、マーティンにそのようなビジネスの才や野心はなく、結婚する時にアイザックが傾きかけの食料品店を買い与えてくれたのにすぐ潰し、その後はタクシー運転手やバーテンダー、時給ではなくチップだけのウエイターなど、あらゆる職を転々とした。刻印したジュエリーを通信販売するという商売で儲けようとしたこともある。そのダイレクトメールの宛名書きをさせられたのは、ネティだ。だが、売れ行きはさっぱりで、家には在庫の箱がごっそりと残ることになった。さらに、マーティンはギャンブル好きで、常にあちこちに借りを作ってきた。マーティンがウエイターとして働いた店はチンピラが集まるところで、彼らとも付き合った。ウディの映画に登場する犯罪者やチンピラが共感を覚えるように描かれているのは、幼い頃に、そういった父の友人と知り合ったことが影響しているると思われる。

夫がそんな感じなので、ネティは、小さなウディを斡旋会社が送ってくる質の悪いベビーシッターに任せ、実家が経営する軽食堂の経理の仕事を続けなければならなかった。ひとつの家に自分たちだけで住んだことはほとんどない。ネティは六人も兄や姉がいる大家族で、ナチを逃れてヨーロッパから次々に親戚が移住してきて、常に別の家族と一緒に住んでは、お互いに家賃を節約していたのだ。その騒々しい生活ぶりは、自伝的映画である「ラジオ・デイズ」（一九八七）に垣間見ることができる。

そうやって家に家族以外の人がいることで、助かった部分もあった。うだつの上がらないマーティンにネティが不満を募らせるうちに、夫婦の関係はどんどん悪化し、やがてほとんど口もきかないほどになってしまったのだ。また、一時期一緒に住んだ年上の従姉妹リタは、ウディが映画好きになるのに大きな影響を与えてくれた。リタは、まだ一人で映画館に行くには小さすぎるウディをよく連れて行ってくれて、家に帰ってからも映画雑誌をめくりながら、ハリウッドスターについて語ってくれた。「カイロの紫のバラ」（一九八五）に出てくる、映画館に通い詰める主人公は、リタをモデルにして生まれたものだ。

ウディは、運動は得意だったが、他の科目の成績は酷かった。そもそも、学校が嫌いだったのだ。学校のシステム自体をばからしいと思っていて、宿題も一度たりともやったことがなかった。音楽の授業では、世の中にはガーシュインとかコール・ポーターのような優れたミュージシャンがいるのに、なぜわざわざつまらない曲を聴かされるのかと呆れていた。後にライターとして大成功していくことになるにもかかわらず、国語もダメだった。やがて文学の魅力に大きく目覚めていくのだが、幼い頃には家の中に本があったことはなく、ウディは漫画くらいしか読んだことがなかったのだ。

そんなウディがコメディライターの道に足を踏み入れたのは、ほんの小さなことがきっかけだった。ウディは映画館に行っては、上映中、盛り上がるシーンなどでヤジを飛ばすのが好きだった。他の観客は笑ったり、あるいは「迷惑な奴だ」と舌打ちしたりしていたのだが、この日も同じことをやったところ、誰かが、「君の言うことは面白いから、紙に書いてみたらいいのに」と言ってきたのだ。なるほどとウディは思い、実際、家に帰ってから、父マーティンが一ドル五十セントというただ同然の値段で手に入れたタイプライターで、いくつか一言ジョークを書いてみた。それらを母ネティに見せると、意外にも感心され、「フィル・ワッサーマンさんに見てもらったら?」と言われた。親戚にフィル・ワッサーマンという人は二人いたのだが、ネティが言ったのは、マンハッタンのPR会社に勤める人の方だ。言われた通りウディが送ると、このフィルさんは、新聞のコラムニストに送ってみるといいと勧めてくれた。当時、人気のコラムニストは、自分の記事に投稿してきたジョークを紹介することをよくやっていたのである。それでウディはいくつかの新聞に自分が作ったジョークを送ってみた。そしてまもなく、ウディのジョークの一つが、「ニューヨーク・デイリー・ミラー」紙のニック・ケニーのコラムの中で紹介されたのだ。それが、アマチュアライターとしてのデビューだ。

そうやってジョークを送っては採用されることが続くと、ある時、給料を払うからプロとしてやってみないかというオファーがきた。話をくれたのは、デビッド・O・アルバーという、PR会社を経営する男性だ。その会社は、お抱えのライターにジョークを書かせ、コメディアンやコラムニストにそれらを売って稼いでいたのである。デビッドは、新聞のコラムで、「ウディ・アレンが言う：無神論についての本を書いた男が、この本が売れますようにとお祈りをする。それを偽善と呼ぶ」というような一言ジョークを見るたび、「このウディ・アレンというのは何者だ？」と思っていた。そこで、ある日、最初にウディのジョークを採用したコラムニストのニック・ケニーに電話をし、ウディがまだ高校生だと聞かされると、感心すると同時に、将来有望なライターを安く使えるチャンスだと思った。

ウディにとっても、ジョークでお金をもらえるなんて、夢のような話だった。それでウディは、平日、学校が終わるとすぐ地下鉄に乗ってマンハッタンにあるデビッドのオフィスに通うようになった。ジョークを書くのは、ウディにとって容易《たやす》いことだった。ウディは一日におよそ五十本のジョークを書いて渡したが、そのうち二十本ほどは、オフィスに向かう地下鉄の中で書き上げた。最初の頃の稼ぎは、一週間あたり四十ドル。それまでの、肉屋やクリーニング屋のバイトの時給は三十五セントだったので大違いだ。母が一日八時間、週五日働いてもらう額とも変わらない。デビッドのオフィスで、二十歳以上も年上のライターたちに混じってひたすらタイプを打つウディは、背の低さとおとなしい性格のせいもあって、まるで幼稚園児のように見えた。しかし、猛烈なスピードで優れたジョークを次々に書いてみせる活躍ぶりは周囲を驚かせ、十八歳になる頃には、両親の稼ぎを合わせた三倍もの収入を得るようになった。

そのように、年齢にふさわしくないほどの稼ぎを得ていても、母のネティは、まだ息子が大学を出ることにこだわった。それでウディは渋々ニューヨーク大学に入学したのだが、あいかわらず学問に関心がなく、最初の学期の平均成績はDだった。

次の学期にニューヨーク市立大学に編入するも、やる気がないのだから結果が変わるはずもなく、その学期の終わりに退学した。

そんな中で、ウディは、最初の妻となるハーレーン・ローゼンに出会った。出会いは、ウディが司会を任された、あるクラブでのイベントだ。このイベントで演奏も披露したウディに、ある人が、「あの娘はピアノがとても上手なんだよ」と、まだ女子高生であるハーレーンを紹介してくれたのである。ハーレーンはウディと同じくユダヤ系で、靴屋の娘で、クラシック音楽を愛し、演技の勉強もしている、申し分のないお嬢様だった。ずっと賃貸で、しかもいつも親戚と一緒に住んできたウディの一家と違い、ハーレーンの両親は一軒家を所有していた。ガールフレンドはその前にもいたが、両親に紹介するほど本気になったのは、ハーレーンが初めてだ。そして二人はあっというまに婚約してしまった。まだ若いのに、そんなに急いだ理由について、ウディは後に、映画やレストランに行くとか、ミニチュアゴルフをするとか、野球観戦に行くとか、交際している時にやるべきことは全部やってしまって、残っているのは結婚しかなかったと語っている。

結婚式は、ウディが滞在していたロサンゼルスで行った。本格的にコメディライターとしての道を歩み始めたところ、メジャーネットワークＮＢＣが立ち上げたライター養成プログラムの一員として認められて、ウディは、一週間あたり百六十ドルの給料をもらい、局が支払うハリウッドのホテルで、他の新進ライターや指導者らと、番組として使えるかもしれないアイデアを煮詰める作業を行っていたのだ。初めてのロサンゼルス体験をハーレーンと分かち合いたいと思ったウディは、ハーレーンに「今すぐ結婚しよう。飛行機に乗ってここに来てよ」と電話をした。言われた通り、ハーレーンはロサンゼルスにやって来て、二人はささやかな式を挙げた。この時、ウディは二十歳、ハーレーンは高校を出たばかりの十七歳だ。

しかし、幸せは長く続かなかった。結婚するや否や、喧嘩が絶えなくなったのだ。ニューヨークに戻り、イーストサイドのアパートで生活を始めると、関係はますますピリピリしていった。狭いアパートに加えて誰かがいる状況で物を書くのはウディにとって集中しづらく、ハーレーンにしても、仕事ばかりに夢中な夫に不満が募るばかりだった。そもそも、ハーレーンは、映画やコメディ、ジャズといった、ウディが最も好きなことに興味がなく、お互いヴァージンだった最初こそ珍しかったセックスも、しばらくすると面白いと思えなくなった（ウディは後に、セックス中、何の反応もしない「元ミセス・アレン」を、好んでスタンダップコメディのネタにした。そのネタを全国放送の番組で使われた時、怒ったハーレーンは訴訟を起こしている）。

ハーレーンが通うハンター大学まで歩いて通うのにウディは毎朝付き添っていったが、大学の門の前で別れると、大きな解放感を覚えた。そんな毎日にストレスが溜まり、ついには、善い人たちだとわかっているハーレーンの両親にまで苛立ちを感じるようになっては後悔するという、なんとも満たされない日々をウディは繰り返した。それはハーレーンも同じだった。

その頃、ウディは、前のマネージャーとの契約が切れたのをきっかけに、ジャック・ロリンズ、チャールズ・ジョフィのコンビとマネジメント契約を結んだ。このことは、ウディのキャリアで大きな転機となった。後にウディの映画で製作総指揮を務めていくこの二人がまずウディに言ったのは、他人のためにジョークを書くのでなく、スタンダップコメディアンになって自分の書いたジョークを自分で言えということ。恥ずかしがり屋のウディは、舞台に立って観客を前にパフォーマンスをすることなど想像もできなかったのだが、同時に、テレビのライターの仕事は自分に向かないということも感じ始めていた。テレビ番組のライターはチーム作業で、毎日、朝九時から五時まで一つの部屋にみんなで籠る。ウディはそれがどうしても性に合わず、しょっちゅう勝手に部屋を出ては、咎《とが》められたりしていたのである。それでついに、ブルー・エンジェルという有名なクラブで、舞台に立つことにした。

結果はさんざんだったものの、ジャックらは諦めず、もっと小さなクラブでウディに練習を積ませた。ニューヨークだけでなく、シカゴなど他の都市にも巡業するうち、ウディも慣れてきて、観客の笑いをたっぷり取れるようになった。そうして再びブルー・エンジェルにチャンスが欲しいと頼み込み、見事成功したのだ。しかし、ハーレーンは、ウディのこの新しい仕事にも、賛成しなかった。

スタンダップコメディの仕事には、人脈が広がるというメリットもあった。そんな中で知り合ったある男性と、ある時、ダブルデートをしようということになった。その男性が連れてきた恋人が、ウディの二番目の妻となるルイーズ・ラッサーだ。だが、そのダブルデートからほどなく、その男性とルイーズは別れてしまった。ルイーズの家が数ブロック先と近くだったこともあり、破局を知ったウディとハーレーンは、ルイーズを自宅での気軽なディナーに招待した。ウディが完全にルイーズに惚れたのは、その時である。あまりに魅了され、ウディは、その夜、ハーレーンの隣に寝ながら、「自分はルイーズと結婚するんだ！」と思う夢で目覚めたほどだ。衝動を抑えられないウディは、ハーレーンが学校に行っている午後、「今からジャズのレコードを買いに行くんだけれど、一緒に行かないか」とルイーズを誘った。そうやってレコード店まで散歩をしたのが、最初のデートだ。

ルイーズは二十歳で、大学を中退したばかりの、ブリジット・バルドーに似た、妖艶なブロンドの女性だった。両親は離婚しており、母親と一緒に住んでいるのだと、ルイーズはウディに言った。父は業界内で名を知られる大物会計士で、父のツケでティファニーやバーグドルフ・グッドマンで好きに買い物をするなど、生活はかなり優雅に見えた。夢は歌手になることで、時々、ダウンタウンのクラブで歌ったりしていた。

ルイーズとの会話は刺激的で、ウディの心は大きく弾んだ。それで、次のデートでは、二時間隣で黙って座っているだけの映画ではなく、二人で一緒に騒げる競馬を選んだ。そしてある夜、ウディは、ルイーズをロマンチックなディナーに誘い出した。その店で、ウディは、リストの中で一番高いワイン、シャトー・グリュオ・ラローズをオーダーし、ルイーズを感激させた。食事中、ウディはルイーズの手を握り、ルイーズもそれを嫌がらなかった。話題がハーレーンのことに及ぶと、ウディは、「妻との関係は破綻している」と言い、ルイーズとこのように会っていることを正当化した。支払いが終わって店を出た時、二人はついに初めてのキスをした。だが、その余韻に浸ったまま家に戻ったウディは、「その口、どうしたのよ?」とハーレーンに言われ、現実に引き戻されてしまう。ワインのせいで、ウディの唇は赤くなっていたのだ。ウディはいろいろ虚しい言い逃れをしたが、ハーレーンはそんな夫を冷ややかに見つめ、離婚を切り出した。ハーレーンは、ウディが浮気をしていることも、相手が誰であるかも、ちゃんと把握していた。怪しいと最初に思ったのは、ルイーズが、「余っているシーツがあったら貸してくれない？」と、突然家を訪ねてきた時だった。ウディはたまたま不在だったが、女の直感が働いたのだ。ウディと別れた後、ハーレーンはルイーズに、「あのシーツの時から、あなたが私の夫を狙っているのを知っていたわ」と言っている。

それを機にハーレーンと住んだ家を出たウディは、新しいアパートを借り、ルイーズと暮らし始めた。ルイーズとの生活は、ハーレーンとのそれとはまるで違った、心地良いものだった。ルイーズはウディが仕事に夢中なのをまるで気にせず、家で執筆をしている時は邪魔にならないよう気遣い、逆に今はちょっとおしゃべりして気分転換したいのかなと思うと、気を利かせて甘えにきた。セックスにもオープンで、全裸で家の中を歩き回るルイーズの大胆さは、ウディをいつも興奮させた。

しかし、問題もあった。綺麗好きなウディと反対に、ルイーズはだらしがなく、散らかし魔で、家の中はぐちゃぐちゃだったのだ。また、ルイーズの家族には心の病を患っている者が多く、とくに母親は深刻で、精神病棟への入退院を繰り返していた。母親が自殺未遂をしたことも数回ある。病院でようやく昏睡状態から目が覚めると、ベッドの横にいたルイーズに、「どうして死なせてくれなかったの」と怒鳴った。依存症もあった。この二つの傾向はルイーズにもあり、気分がすぐれないと、一日中寝たきりだった。大学を中退したのは歌に集中したいからだと聞いていたが、本当の理由はそういった病気が原因だったのである。さらに、浮気もあった。ウディが仕事で他の街に行くと、チャンスとばかりにルイーズは別の男と遊んだのだ。しかしそこはウディもお互い様だったし、どちらも言えた口ではなかった。

その間、スタンダップコメディアンとしてのウディの人気は急上昇していった。ウディが出演する夜にはクラブの前に長い行列ができ、テレビにもゲスト出演するようになった。そんな中で、映画の話がついに舞い込んだ。それが、「何かいいことないか子猫チャン」（一九六五）だ。

この映画のプロデューサー、チャールズ・フェルドマンは、「ピンクの豹」（一九六三）を大ヒットさせたばかりで、次もヨーロッパを舞台にしたセクシーなコメディを作ろうと考えていた。原作としてヨーロッパの戯曲の映画化権を取得していたが、これをもっと可笑《おか》しく、センス良くしてくれる新進の脚本家はいないかと探していたところ、ある知人に、「ウディ・アレンのショーを見に行くべきだ」と勧められた。そこでチャールズは、主演に決まっていたウォーレン・ベイティの姉で、やはり映画に出演する予定のシャーリー・マクレーンを同伴し、ブルー・エンジェルにウディのショーを見に行くことにしたのだ。ショーを見たチャールズは、これこそ自分が映画に求めているものだと確信し、ウディに脚本の仕事をオファーした。ギャラは、三万ドル。以前から映画に進出したいと思っていたウディはもちろん飛びついたが、書くだけでなく自分も出たいと、執筆と出演合わせて三万五千ドルはどうかと提示し、了承された。そうしてウディは、ウォーレン・ベイティが主役、自分も小さな役で出るコメディ映画の脚本を書き始めたのだ。

しかし、その作業はなかなかうまくいかなかった。映画の脚本を書くのは、単発のジョークを書くのと、まったく勝手が違ったからだ。ウディの脚本には、二時間近いストーリーを語るためのしっかりした骨組みがなく、スタンダップコメディの延長のような感じで、やたらと他の映画のパロディがちりばめられていた。それでウディは、クライヴ・ドナー監督の指導を受けつつ、何度も脚本の書き直しをやらされることになった。そうやって少しずつ形になっていっても、ウォーレンが脚本を気に入ることはなかった。自分が演じる主役が魅力に欠けたままであるのに対し、ウディの役は書き直されるたびにどんどん大きくなり、笑えるセリフも増えていっていると感じたからだ。

だが、ウォーレンを怒らせた一番の理由は、キャスティングだった。プレイボーイとして名を馳せるウォーレンは、この頃、レスリー・キャロンと極秘交際していて、この映画にレスリーを出そうとチャールズに提案した。しかし、レスリーはまだピーター・ホールと結婚しており、世間はレスリーとウォーレンの関係を知らなかったため、スキャンダルが発覚するのを恐れたチャールズは、ダメだと言った。それで仕方なく納得したら、なんとチャールズは、自分の恋人キャプシーヌを出すと言ったのだ。怒りに燃えたウォーレンは、ロンドンでのチャールズらとのミーティングで「この映画にはもう出ない！」と宣言し、部屋を去った。強気な態度に出ながらも、ウォーレンは心の中で彼らは自分を引き止めるに違いないと思っていた。そもそも、原題の「What's New, Pussycat?」は、プレイボーイのウォーレンが、女性と電話をする時にいつも言う挨拶の言葉なのだ。しかし、思惑は外れ、ウォーレンはあっさり役を失った。代役に決まったのは、コメディではあまり知られていないピーター・オトゥールだ。ウォーレンの姉シャーリーも、脚本に書かれている自分の役が気に入らず、降板した。

だが、騒動は、これで終わりではなかった。そのたびにウディは振り回され、頭を抱えることになった。たとえばロケ地も、最初はパリだったのがローマに変更され、撮影開始直前になって、ピーターの要望でまたパリに戻った。もう一人の男性役にはピーター・セラーズが決まったのだが、二人のピーターはそれぞれに強い意見を持っていて、脚本はウディが思ったものとは違う方向にどんどん変わっていった。現場での即興も多く、とりわけコメディアンとして成功しているセラーズが何か新しいことを言うと、それがどんなセリフであれ、監督は「素晴らしい」と絶賛した。撮影中に脚本の変更があまりにも行われるため、ウディがマネージャーのチャールズ・ジョフィの力を借りて苦情を言うと、その後はウディに知らされずに勝手に書き換えがなされるようになった。

そんな中、ウディは、アメリカにいるルイーズからの国際電話で、ルイーズの母が睡眠薬を大量に服用して自殺したと知らされた。ルイーズは何でもないことのようにそれを告げたが、ウディは心配で、すぐにルイーズをパリに呼び寄せた。そうしてやって来たルイーズに、ウディは小さな役を与え、映画に出演させた。そんなふうに、この映画は、製作に関わる男たちが自分の女を出そうと競っただけの、とんでもない駄作となった。とウディが思っていたら、意外にも大ヒットしたのだ。

その年の興行成績のトップテンにも入ったほどである。後に、ウォーレン・ベイティは、「ウディは完成作にかなり不満のようだが、私の方がもっと不満だよ。がっぽり金が稼げるはずだったのに」と不満を漏らした。

パリからニューヨークに戻ると、ウディとルイーズはほとんどの時間を一緒に過ごした。それは決して平和で幸せに満ちた日々ではなく、喧嘩もしょっちゅうした。しかし、いつも仲直りセックスで解決した。そうしてついにウディとルイーズは、結婚しようと決めた。交際して八年の間には、浮気もあり、別れていた時期もあった。だが、いつも元の鞘に収まった。結婚という次のステップに移ることで、自分たちの関係はもっとしっかりしたものになるに違いない。二人は、そう考えたのだ。思い立ってから急いだのには、ルイーズの父と再婚相手が長期の海外旅行に出かけようとしていたことも関係していた。ルイーズは、もしも自分が結婚することになったら、絶対にこの二人に出席して欲しいと思っていたからだ。ウディはアメリカーナ・ホテルでスタンダップのショーに出演していて忙しかったため、指輪はホテルの近くの店で安物を買い、式は二人のほか、ルイーズの父、再婚相手、友人の合計五人だけで、ごく質素に行った。式を司ったのは、ルイーズの父の友人だ。ニューヨーク最高裁判所の判事を務めるこの男性は、「自分は何組ものカップルの結婚を司ってきたが、離婚したケースは一つもない」と誇らしげに言った。だが、残念なことに、ウディとルイーズは、その立派な経歴に傷をつけることになる。ハーレーンと結婚した二年後にルイーズに出会い、最初の結婚をダメにしたウディは、八年も交際した上でついに決めたルイーズとの再婚も、わずか四年で終わらせることになるのだ。そしてウディは、ルイーズとの破局の前にも、すでに次の女性と深い交際に入っていた。主演女優として、恋人として、その後も友人として、人生でずっと大事な存在になっていくダイアン・キートンだ。交際を始めた時、ウディは三十三歳、ダイアンは二十三歳だった。

第二章　ダイアン・キートンと17歳の少女

さんざん嫌な思いをさせられた「何かいいことないか子猫チャン」には、良いこともあった。まず、映画で演技をするというのがどんなことかを学べた。それまで舞台に立ち、マイクを持って観客に話す経験しかしてこなかったウディは、「何かいいことないか子猫チャン」に出ている自分を見て、唖然としたのだ。この失敗を通して、ウディは、次にカメラの前に立つ時にはどうするべきかをしっかり考えるようになった。それに、ウディの知名度が格段に上がった。その前からスタンダップコメディの世界ではかなり有名だったが、この映画の大ヒットで、ウディの存在が広く知られるようになったのだ。

映画監督デビューの話も、そんなところから舞い込んだ。声をかけてきたのは、ハリー・サパースタインという男である。シカゴの劇場オーナーを経てテレビ番組の製作に乗り出し、小さなアニメーションスタジオを買収してビジネスの幅を広げたこの人物は、ウディこそ自分が新しくやろうとしていることにぴったりだと考えた。それはかなり変わったプロジェクトで、東宝の映画「国際秘密警察　鍵の鍵」（一九六五）から日本人俳優のセリフを全部削除し、本来のストーリーとまったく関係のない英語のセリフとアニメ映像を入れて、一時間のコメディ番組にするというものだ。こんな突飛なことを思いついたのも、アメリカでの上映権を買ったこの映画をそのまま英語字幕付きで上映してみたところ、評判が悪かったからである。さてこれをどうしたものかと思いあぐねるうち、別の会社が無声映画に気の利いたコメントを吹き込むということをやって成功したのを思い出した。監督、脚本、声の出演に対してウディが提示されたギャラは、六万六千ドル。ウディはスタンダップのショーで忙しかったが、掛け持ちでもできないことはないし、ギャラにも惹かれ引き受けた。声の出演に駆り出されたのは、ルイーズや、親しい友人たちだ。ストーリーは、秘密のエッグサラダのレシピが盗まれるというものになった。

しかし、ハリーは、ウディが届けた完成作に、勝手に二十分を書き足し、映画にしてしまったのだ。それらのシーンでウディが担当したキャラクターの声は、別の俳優がウディの話し方を真似て演じていた。監督である自分に何の相談もなくこんなことをされて、ウディは大きな屈辱を感じた。「どうしたんだい、タイガー・リリー（What's Up, Tiger Lily?）」（一九六六、日本未公開）というタイトルも、「何かいいことないか子猫チャン（What's New, Pussycat?)」のヒットにあやかろうとしているのが見え見えで、気に食わなかった。それでウディは、自分の名前を監督のクレジットから外すよう訴訟を起こしたのだが、とりあえず映画がヒットしたことと、長く引きずるほどの価値はないと考えたことから、訴訟を取り下げた。

この二本の映画の体験から、ウディは、今後は完全に自分がコントロールできるのでなければ映画は作らないと決めた。そうやって作った、本当の意味での監督デビュー作が、「泥棒野郎」（一九六九）だ。この映画を見て、ユナイテッド・アーティスツの重役が「次はぜひうちの会社でウディ・アレンに映画を作ってもらいたいのですが、どうすれば良いでしょうか」と聞いてくると、ウディのマネージャー、ジャック・ロリンズとチャールズ・ジョフィは、「紙袋にお金を入れて私たちのところに持ってきなさい。そして姿を消しなさい。引き換えにちゃんと映画を渡しますから」と言った。以後、ウディは、その方針を変えていない。

その頃、ウディは、舞台にも進出し、立派に成功を収めている。駆け出しのコメディライターだった頃、ウディが「将来は映画の脚本を書きたい」とあるベテランライターに語ると、「映画は監督のものだ。だが、舞台劇は戯曲家のもの。ライターでやっていくなら、究極の仕事は舞台にある」と言われた。以来、戯曲を手掛ける夢を抱き続けたウディは、まず「水は危険・ハイジャック珍道中」を書いた。しかし、プロデューサーのデビッド・メリックは、自分がイメージしていたのとまったく違う俳優をキャスティングして、ウディには悔いが残った。それで、次は自分で主演し、共演者も自分で選ぶと決め、新たな戯曲「プレイ・イット・アゲイン，サム（原題）」を書いてデビッド・メリックに渡したのである。

「プレイ・イット・アゲイン，サム」でウディが演じる主人公は、映画雑誌のライター、アレン・フェリックス。妻に捨てられて落ち込んでいるアレンが心の拠り所にするのは、親友ディックとその妻リンダだ。しかし、そのうち、アレンとリンダの間には恋心が芽生えていく。ディック役は、「水は危険・ハイジャック珍道中」に出演したトニー・ロバーツにお願いした。リンダ役にはその頃軽く付き合っていた女優を考えていたのだが、デビッド・メリックに「他の女優も見るべきだ」と主張され、オーディションを行うことになった。そこにやって来たのが、ウディの次の恋人となるダイアン・キートンだったのだ。

ダイアンは、一九四六年、ロサンゼルス生まれ。映画での活躍を目指し、ニューヨークからロサンゼルスに移住する女優が多かった中、ダイアンは舞台の世界に憧れて、カリフォルニア州オレンジ郡の高校を卒業すると、ニューヨークにやって来た。二年間の演劇学校での勉強を終えると、すぐにミュージカル劇「ヘアー」のオーディションに合格。いかにも六〇年代らしい、ヒッピーな「ヘアー」は、最後に役者たちが服を脱ぐことも話題で、公演が始まるやいなや注目を浴び、連日満員の大ヒットとなった。脱ぐかどうかは出演者次第で、脱ぐとボーナスが出るのだが、ダイアンが脱いだことは一度もない。

このミュージカルに九カ月出演した後、演劇学校時代の恩師からぜひ受けるようにと勧められたのが、「プレイ・イット・アゲイン，サム」のオーディションだ。高校生の頃、オレンジ郡の実家で、両親やきょうだいと一緒にトーク番組にコメディアンとしてゲスト出演するウディを見てファンになったダイアンは、胸をときめかせながらオーディション会場に向かった。ウディに会った時の第一印象は、「背が低い。でも、素敵」。実際、身長は問題だった。ウディの身長が百六十五センチなのに対し、ダイアンは百七十センチあるのだ。もっと背の低い女優にするべきかとウディらは話し合ったが、ハックルベリー・フィンを女の子にしたような、元気いっぱいでチャーミングなダイアンの魅力を、ウディは忘れられなかった。その後も女優たちのオーディションをしながらも、ウディは心の中で「やはり、さっきのあの女優がいい」と思い、見事、ダイアンは役を手にすることになった。

最初からウディに好意を持っていたダイアンは、リハーサルが進むにつれ、ますますウディに惹かれるようになった。しかし、そんなダイアンの心に気付いているのかいないのか、ウディはいつも、一日のスケジュールが終わると「お疲れさま」とあっさり一人で帰っていき、ダイアンは脈のなさを感じてはがっかりしていた。ウディはウディで、ダイアンには毎日同じ男性から電話がかかってくるし、きっと恋人がいるのだろうと思っていた。その男性が単にダイアンのマネージャーだったとわかるのは、もう少し後のことである。

ようやく二人だけの食事がかなったのは、リハーサルも始まってかなり時間が経ってからだ。それは決して大袈裟なものではなく、演出家に「もっとスムーズにセリフのやりとりができるよう、二人で話し合いをして」といったん休憩を言い渡され、向かいのレストランに行ったというだけのことだった。しかし、それは二人の関係を次のステップに進める大きなきっかけとなった。その食事での会話はとても楽しく、何よりウディは、ダイアンの豪快な食べっぷりを面白いと思った。ウディは次の日、別の女性とデートの約束を入れていたのだが、目の前のダイアンを見ながら、こんな素敵な女性がいるのに、なぜ自分はどうでもいい別の女性とデートをしようとしているのだろうかと疑問を持った。一方で、ウディのそんな心の内を知らないダイアンは、果たしてウディが個人的に自分を誘うことがあるのだろうか、いや、ないだろうと、やきもきしていた。だが、嬉しいことに、それからまもなくウディはダイアンを誘ってくれたのだ。その次の誘いもあり、そのまた次もあった。そして、このお芝居がワシントンＤＣとボストンで先行上演される頃、二人はすっかり恋人同士になっていた。

この二都市での公演が終わり、ブロードウェイでの上演のためウディとダイアンがニューヨークに戻って来ると、ルイーズはウディと住むアパートを出ていき、代わりにダイアンが転がり込んだ。ちょうどフィフス・アベニューにセントラルパークを見下ろすペントハウスを購入したばかりで、その改装工事の間、ダイアンはウディと一緒にホテルに住み、工事が終わるとウディのペントハウスに住んだ。抜群のセンスを持つダイアンは、新居のインテリアを考える上でも、たっぷりとアイデアを出した。ダイアンは、自分が借りていた小さなアパートも、まったくお金をかけずに素敵な空間にしていて、ウディは、ダイアンのクリエイティビティに感心させられた。

そんな中で、ウディとルイーズは、ついに離婚を決める。双方合意の、後腐れのない離婚だ。簡略に、手早く離婚を済ませるため、二人はメキシコの国境の街フアレスで手続きを行ったのだが、その前夜、テキサス州サンアントニオのホテルに泊まった時も、同じベッドで寝た。いざ手続きをする際も、二人があまりにいちゃいちゃしているので、担当者が「離婚されるのはどちらの方ですか」と聞いたほどだ。離婚後も二人は良好な関係を続けている。ウディは、離婚直後に作った映画「ウディ・アレンのバナナ」（一九七一）に、「この役はルイーズをイメージして書いたから」とルイーズを出演させ、ダイアンも異議を唱えなかった。だが、実はルイーズの心境はまだ複雑で、プエルトリコでの撮影についてきたダイアンにホテルで鉢合わせるたびに悲しくなり、ウディの知らないところでこっそりと父に電話をしては本音を打ち明けていた。

ルイーズは、この次の「ウディ・アレンの誰でも知りたがっているくせにちょっと聞きにくいSEXのすべてについて教えましょう」（一九七二）にも出演した。ダイアンがウディの映画に出演するようになるのは、その次の「スリーパー」（一九七三）からである。この後、ダイアンは、「ウディ・アレンの愛と死」（一九七五）、「ウディ・アレンのザ・フロント」（一九七六）、「アニー・ホール」（一九七七）、「インテリア」（一九七八）、「マンハッタン」（一九七九）と立て続けに出演した。しかし、意外なことに、恋人としての関係は、「アニー・ホール」の撮影が始まる二年ほど前に終わっている。理由の一つは、ウディが忙しすぎたこと。ウディはいつも脚本やジョークを書いていたり、舞台や映画やスタンダップのショーに出演していたり、クラリネットの練習をしたり、読書をしていたりする。その合間に映画を見ようとダイアンを誘ったりもしたが、ダイアンもダイアンで買い物などやりたいことがあったりして、上映時間に遅れていっては、ウディを苛立たせたりした。そのくだりは、「アニー・ホール」の最初の方に出てくる。

だが、もっと大きな理由は、ダイアンの秘密にあった。ウディには絶対に知られないようにしていたが、ダイアンは過食症を抱えていたのである。しょっちゅう買い物をするのも、そのせいだ。きっかけは、「ヘアー」に出演していたある日、主演女優がテレビドラマにゲスト出演することになり、その間はダイアンが代役を務めるよう言われたことだった。脇役だったダイアンは、主役を立派に務めてみせ、プロデューサーに褒められたのだが、プロデューサーは最後に、「もう少し痩せたら、ずっと主役をやらせてあげるんだけど」と付け加えたのだ。少し太ってきたことを気にしていたダイアンに、その一言はずしりと響いた。そんな時、楽屋で、ある共演者が、太らないために食べた物を吐く知り合いの話をしているのを耳にした。

聞きながら、ダイアンは、「汚い」「信じられない」と感じる一方、その手があったのかと思った。それで、自分でも試したのである。やってみると、吐くというのは思ったより難しかった。だが何事もそうであるように、練習を重ねるうちに、少しずつうまくなっていった。そうして、ダイアンは、信じられないような量を毎日食べるようになった。たとえば、一人で食べる時の一回の食事は、バーレルのケンタッキーフライドチキンにフライドポテトを二人分、さらにテレビディナーと呼ばれる冷凍食品を二つ温め、デザートにはパイ三切れとパウンドケーキ、チョコレートといった具合だ。一食ごとに、そんな量を食べては吐くのだ。冷蔵庫にはいつも大量の食べ物が詰まっていた。ウディと同棲していても借りていたアパートを解約しなかったのは、その意味でも都合が良かった。誰かと一緒にいる時は、より慎重さが要求された。ウディと一緒に食事をしても、何気ない顔をしてトイレに行き、こっそりと吐いて、さらりとテーブルに戻ってこなければならない。それは精神的ストレスが大きく、肉体的にもきつかった。吐き始めるようになって半年後に歯医者に行くと、二十六カ所もの虫歯が見つかった。バカなことをしていると自分でもわかっていたが、太らずにたくさん食べられるこの方法は、やめられなかった。

やっとその日々に終止符を打てたのは、心理カウンセリングを受けるようになったからだ。ウディは若い頃から心理カウンセリングに通っていて、多いときは週に三度もカウンセラーを訪れるほどだった。そんなウディは、友人にもよくカウンセリングの良さを語っており、問題を抱えているようには見えないダイアンにも、一度行ってみるといいと勧めた。そのアドバイスに従い、ダイアンは、ウディが気に入っているカウンセラーを訪れた。しかし、そこでも、最も重要な問題である摂食障害については話せなかった。ある日、ダイアンがカウンセラーに「喉に指を突っ込んで、今食べた物を吐くんです。それを一日三回やるんですよ。止めるつもりはありませんから。あなたに何を言われてもね。わかりました？」と告白したのは、通い始めて一年以上が経ってからだ。それから半年ほどして、過食症はおさまった。ある朝、起きて、冷凍庫に入っているアイスクリームを見ても、食べたいとは思わなかったのだ。摂食障害を克服した後、ダイアンは妹二人に自分が過食症だったことを告白したが、ウディがこの事実を知るのは、それからずっと後ダイアンの回顧録を読んだ時だった。

「アニー・ホール」は、ウディが真の芸術家であることを世の中に証明した、キャリアのターニングポイントとなる作品だ。それまで観客を笑わせることしか考えていなかったウディは、この作品で初めてリアルな大人の恋愛、時の経過とともに移り変わっていく恋愛模様を描いたのである。これはまた、ウディにとって初の自伝的映画でもあった。ウディが演じる主人公アルヴィは、ブルックリンに育ったコメディアン。テレビに出ることもあり、そこそこ有名だ。二度の離婚歴があるのも、心理カウンセリングが好きなのも、ウディと同じである。一方で、ダイアン演じるアニーにも、本人の要素がたっぷり詰まっている。そもそも、ホールは、ダイアンの苗字だ。ニューヨークの演劇学校を卒業し、舞台俳優の組合に入ろうとした時、ダイアン・ホールという女優がすでに存在すると言われ、母の旧姓であるキートンを芸名に使うことにしたのだ。アニーの役作りにおいても、ウディはダイアンに大きな自由を与えた。衣装も全部自分で決めていいとウディは言ってくれている。監督が役者に演じる役の衣装を選ばせることなどあり得ないことで、ダイアンは興奮した。映画が公開されると、〝アニー・ホール・ルック〟として世界中の女性が真似をするようになる白いシャツに黒のベストとネクタイ、カーキ色のパンツに帽子というコーディネートも、ダイアンのアイデアによるものだ。

また、この映画でウディは、「ゴッドファーザー」の撮影監督ゴードン・ウィリスを初めて起用した。それまでウディは暗いところを撮影するのを避けていたのだが、「闇の王子」とも呼ばれるゴードンは、影のかかったグレイな雰囲気でニューヨークを捉え、これまでのウディ・アレン映画にないロマンチックさを与えてくれた。アルヴィとアニーがそれぞれのカウンセラーと話すシーンを、スプリットスクリーン（画面を二分割する手法）ではなく、二つの部屋が並んでいるセットを作ってスプリットスクリーンに見せるような撮影を提案したのも、ゴードンだ。別々に撮影したものを組み合わせるのではなく、カメラが回る中、実際に二人がセリフを言うことで、このシーンはとても生き生きした、自然なユーモアにあふれる映像になった。

そんなウディの新しい冒険は、業界からも、映画ファンからも、温かく受け入れられた。映画は大ヒットし、アカデミー賞も、作品、監督、脚本、主演女優の四部門で受賞している。しかし、ウディは、ジャズのライブ演奏がある日だからと、授賞式には行かなかった。もちろんそれは言い訳である。ウディは芸術に優劣をつけることを信じないのだ。「誰が一番速いかという競走なら、やる意味はある。自分も、そんな競走で勝ったことがある。それは嬉しくもあり、誇りでもある。だが、映画はそうではない。映画の賞というのは、『どれが一番気に入られたか』を競うものだ。しかし、そこには必然的に『どれが一番優れていたか』という意味合いが含まれてしまう」と、ウディは後に語っている。撮影監督のゴードンが、「ゴッドファーザー」でも、今作でも、次の映画「マンハッタン」（一九七九）でも候補入りすらしなかったことも、ウディにとっては、アカデミー賞がいかにずれているかを証明する良い例だった。それでも米映画芸術科学アカデミーはウディを愛し続け、長年にわたり、繰り返し会員に招待した。だが、「アニー・ホール」で「自分みたいな人が会員であるクラブには入りたくない」というセリフを書いたウディは、その都度、辞退。ついに痺れを切らし、ある年、アカデミーは、最後の望みをかけて「大規模な寄付をいただけたら、もうあなたをわずらわせることはしません」と一筆を添えて招待状を送った。それから一週間もしないうちに、アカデミーにウディから小切手が届いた。

それでももちろん、ニューヨークの自宅で朝起きて、「『アニー・ホール』がアカデミー賞を受賞！」という新聞の見出しを見た時は、悪い気はしなかった。しかし、それは一分もしたら忘れた。そんなことよりも、「アニー・ホール」は、ウディに、もっと大事で、ずっと心に残る思い出をくれたのである。十七歳の美少女との、短くも甘い恋愛だ。

ステイシー・ネルキンという名の、ダークヘアのその少女は、キャスティング・

ディレクターのジュリエット・テイラーがオーディションに呼んだ、何人かの若い女優のうちの一人だった。完成作からはカットされてしまったが、脚本には、アルヴィがずっと年下の従姉妹と会話をするシーンがあったのである。そのジョークが生きるためには、とても美しい女優に従姉妹役を演じてもらう必要があった。ステイシーは、その役にぴったりの、息をのむほど美しい少女だったのだ。

まだ高校生のステイシーは、撮影現場に母親同伴で現れた。母も感じの良い人で、おしゃべりをしているうちに、話題はウディのジャズ演奏の話になり、母娘は「ぜひ見に行きますね」と言った。おそらく社交辞令だろうと、ウディは期待しないようにしていたのだが、母娘は本当に、ウディが演奏する月曜日の夜、マイケルズ・パブに顔を出した。それからしばらくしたある日、もう自分の出番を撮り終えていたステイシーが現場の近くを通りかかり、ウディは仕事の合間にまたもやおしゃべりをする機会を得た。そこでステイシーが「この週末は、父も母もいないんです」と言ったので、ウディは勇気を出して、「もし一人でいるのに退屈したら電話をしてよ」と、自分の番号を渡した。すると、嬉しいことに、ステイシーは本当に電話をかけてきたのだ。

そこから、二人の交際が始まった。この時、ウディは四十一歳である。親子ほど年の離れた二人は、一緒に映画を見たり、コーヒーを飲んだり、音楽を聴いたり、散歩をしたりした。肉体関係もあった。「こんな若くて美しい女の子が相手をしてくれるはずはない。この年頃の娘は、ロックスターに憧れ、ディスコで踊ったりするのが好きなんだろう。自分とは何の接点もない」と思っていたウディにとって、それは夢のような数カ月だった。ステイシーが本格的に女優を目指すためにロサンゼルスに引っ越し、その淡いロマンスが一段落すると、ウディはこの体験を脚本に書こうと決める。それが、「マンハッタン」だ。

「アニー・ホール」でも組んだ共同脚本家のマーシャル・ブリックマンは、ウディとステイシーの関係を知っており、年齢差のある恋の奇妙な点、楽しい点などを、ウディからさんざん聞かされていた。脚本には、それら実際に起きたことを盛り込んだが、同時に自由に発想を広げられるよう、少女の名前はステイシーでなく、トレイシーにした。その役に選ばれたのが、アーネスト・ヘミングウェイの孫娘で、当時十六歳だったマリエル・ヘミングウェイだ。

当時のマリエルは、姉マーゴの主演する「リップスティック」(一九七六)に出た程度で、女優としての経験はあまりなかった。だが「リップスティック」を見て、この娘こそトレイシー役にふさわしいと思ったウディは、マリエルが両親と住むアイダホ州ケッチャムの家に自ら電話をかけた。自室で宿題をしていたマリエルは、「ウディ・アレンがあなたと話したいんですって」と母から受話器を渡されたのだが、初めそれが誰なのかすぐには分からなかった。だが、話し始めると、たしかに聞いたことのある声で、映画の中よりずっと落ち着いていて優しい感じがした。そんな口調で『リップスティック』での君の演技はとても良かった」「君は私の次の映画にぴったりなのではないかと思っている」と褒められて、マリエルは舞い上がり、オーディション会場がニューヨークだということをよく考えもせず、オーディションを受けると約束してしまった。そのオーディションで、マリエルはろくなことをやれなかったが、本人にとっては意外なことに、合格の知らせはその日のうちに来た。

マンハッタンでの撮影は、マリエルにとっても、同伴した母にとっても、楽しかった。唯一、問題だったのは、マリエル演じるトレイシーと、ウディ演じるアイザックのロマンチックなシーンだ。男の子と付き合ったことすらなかったのに、映画にはキスシーンもあれば、セックストークもあるのだ。観光客向けの馬車に乗ってトレイシーとアイザックがキスをするシーンを撮影する日は、マリエルにとって最も恐ろしい日だった。ようやくシーンをこなし、カットがかかると、マリエルは撮影監督のゴードン・ウィリスに駆け寄って、「もう一回やれと言ったりしませんよね?」と切羽詰まった様子で聞いた。それを見て周囲は笑っていたが、マリエルは本当に嫌だったのだ。ベッドに横たわっているシーンの会話も、マリエルには意味がわからなかった。そのシーンで、セックスを求めるトレイシーに、アイザックは「何回やれば気が済むの」と言い、トレイシーは「たくさん」「あなたが前からやりたかったのに、他の女性はやらせてくれなかったことをやりましょうよ」と言う。するとアイザックは「じゃあスキューバダイビングのギアを取ってくる」と言うのだ。脚本を読んだマリエルは、母に意味を尋ねたが、母は表情を暗くして「バカなことを聞かないで」と答えるだけだった。

ウディはいつも優しく、いろいろ気を遣ってくれたが、自分への接し方にやや気になる点もあった。触られたりするようなことはなかったものの、自分が女として見られていると感じたのだ。それに、ウディはしょっちゅうマリエルに「一緒にパリに行こう。二人だけで」と誘ってきた。最初の方こそ冗談で言っているのだろうと思い、笑って受け流していたが、あまりに何度も言うので、撮影が終わって自宅に戻ると、マリエルは両親に相談した。だが、心配してくれるだろうという予想に反して、両親はむしろ「ウディ・アレンがパリに連れて行ってくれるなんて、素敵じゃない」と感激した。驚いたマリエルが、「寝室が別なのかどうかもわからないのよ。ウディはその件に一切触れないから」と言っても、まだ事の大きさを感じていないようで、マリエルは不安とフラストレーションを募らせていった。

ヘミングウェイ一家の招待を受けて、ウディがアイダホを訪ねたのは、そんな頃だ。自家用飛行機から降り立ったウディは、普段まったく無縁な、ひたすら大自然が広がる風景を見て、「まるで月に来たみたいだな」と言った。その田舎で、ウディは本音では絶対に避けたかったハイキングをし、夕食にはその朝マリエルの父が自ら撃ち殺した鶏を食べることになった。チキンはスーパーマーケットで買うものだと信じているウディにとって、実際に誰かがそれを殺したのだという当たり前の事実を実感させられるのは、ゾッとすることだった。食事が終わると、それでその夜はおしまいとなった。都会に慣れたウディには信じられないことに、夜の九時に就寝するのはここでは普通なのだ。退屈に感じながらも、ウディは自分に与えられたマリエルの父の隣の部屋に引き下がり、マリエルも自分の部屋に戻った。しかし、ハイキングで疲れているはずなのに、マリエルは眠れない。パリのことがずっと気になって頭から離れないのだ。ついにマリエルは起き上がり、ウディが寝ている部屋に行って揺り起こして、「パリでは、私に別の部屋を取るつもりはないんでしょ?」と迫った。さらに、「何を言っているんだ」という寝ぼけた表情のウディに「パリには行かないから」と宣言した。

翌朝、ウディは自家用飛行機を呼びつけ、逃げるようにニューヨークに戻っていった。空港には、できるだけ何気ない態度を保ちつつマリエルが車で送っていった。「マンハッタン」で自分自身よりも性的に成熟した女の子を演じるのはマリエル自身にとって混乱する体験だったが、そんな演技をする自分を見て、ウディも勘違いをしたのかもしれないと、マリエルは心の中で自分を納得させようとした。

この映画の公開から十三年が経ち、世間がウディとスンニの関係を知ると、人は「マンハッタン」をそれまでと違った目で見るようになった。しかし、当時、四十二歳の男性が十七歳の女の子と交際するというこの映画に、人は意外なほど抵抗感を持たなかった。それどころか、映画は大絶賛を受けたのである。ウディは本作で初めてカンヌ国際映画祭に招待され、以後、ヨーロッパの巨匠と並び映画祭の常連となり、アカデミー賞にも、ウディは脚本部門、マリエルは助演女優部門で候補入りした。「アニー・ホール」のすぐ後にまたもや秀作を発表したことで、ウディの業界内での評価も一気に高まった。女優のミア・ファローも、新しくファンになった一人だ。あまりに「マンハッタン」を気に入ったため、ミアはウディにファンレターを書いている。その手紙に、ミアは「率直に言って、私はあなたを愛しています」とまで書いた。その一言は、ウディの心にいつまでも残り、やがて二人を結びつけることになる。

ウディのミューズの座をミアに譲ってからも、ダイアンは、ウディが最も信頼する親しい友人として、ずっとウディの人生にとどまった。ダイアンとの恋愛関係が終わった後、ウディはダイアンの妹二人とも付き合っている。一方でダイアンは、ウォーレン・ベイティやアル・パチーノなどと浮き名を流した。四十代の頃、ダイアンは、アル・パチーノに「結婚して。少なくとも、そのつもりはあると言って」と迫ったが、ダイアンも、アル・パチーノも、生涯一度も結婚していない。だが、アル・パチーノには過去の恋人たちとの間に実子が三人おり、ダイアンはシングルマザーとして養子を二人引き取り、どちらも親にはなった。

二〇一七年六月、ダイアンがアメリカン・フィルム・インスティチュートから生涯功労賞を受賞することになった時、ウディは、嫌いなロサンゼルスにわざわざ飛んできて、ダイアンのためにスピーチをした。その中で、ウディは、「若い頃のダイアンは野心的だった。私と付き合うようになった頃、私のことを『才能のある若い映画監督』と言おうとして、うっかり『踏み台』と言って本音を漏らしたものだ」「私と別れた後、ダイアンは、ハリウッドで最も魅力的な男たちとたくさん付き合ったが、興味深いことに、いつもあちらから振られるのだ。そのことについては、私も本人から相談を受けている。私たちはいろんなことを話したから」「ダイアンが書いた回顧録を読んで、知らなかったことをたくさん知った。（自分と付き合っていた頃）過食症だったということも。私は多くの高級レストランに連れて行ってあげたのに。どうせ吐くのだと知っていたら、ピザハットにするべきだった」などと、お得意のジョークで会場を笑わせた。しかし、その後には「私が人生で達成できたことはすべてダイアンのおかげ。私はダイアンの視点で物事を見ることができた。ダイアンは何をやらせてもうまい。女優としても、ライターとしても、写真家としても、監督としても最高だ」と絶賛し、会場から大拍手を受けた。これはまさに、ダイアンとウディの友情の強さをあらためて証明した瞬間といえる。ダイアンは、後に、その日について、「感動で胸がいっぱいになった。ビデオをもらったら、何度でも見直すと思うわ。あの日をもう一度体験したいから。あれは、素晴らしすぎる経験だった」と語っている。

第三章　ミア・ファローと子供たち

ミア・ファローは、ダイアン・キートンより一年早い一九四五年二月、ビバリーヒルズに生まれた。父はオーストラリア出身の映画監督ジョン・ファロー、母は「類猿人ターザン」(一九三二)のジェーン役などで知られるアイルランド出身の女優モーリン・オサリヴァンである。ミアは七人きょうだいの三番目にして長女。兄が二人、弟が一人と妹が三人だ。ミアが育った家はおよそ六百坪で、金持ちが集まるビバリーヒルズの中でも比較的大きい方だったが、お隣はさらに豪邸だった。その住人は、お笑いコンビのローレル&ハーディの作品などをプロデュースしたハル・ローチの一家。敷地内には水泳競技に使えそうな本格的なプールや試写室があり、ミアやきょうだいはよくそこで映画を見せてもらった。ローチ家の娘であるマリアとは、大人になってからもずっと親しい友達である。

スターの豪邸を巡るバスツアーはその頃からあり、ファロー家とローチ家の前にもよくやって来た。ツアーガイドがマイクで誰が住んでいるのか、その人物はどんな映画に出ているのかを説明する声はとてもうるさく、バスが近づいて来ると遠くからでもわかった。しかし、この辺りの住人からとくに文句が出ることはない。明るい太陽、豪邸、ベビーシッター、庭師、料理人などと同様、好奇心あふれる観光客は、セレブリティ一家にとって日常の一部だったのである。

それでも、良いことばかりではなかった。ミアは九歳でポリオに感染して長い隔離生活を強いられ、十三歳の時には、六歳上の兄マイケルが、飛行機操縦レッスン中の事故で亡くなるという悲劇が起きた。長男の突然の死は母を長いこと苦しめ、何年経っても、マイケルの名前が出ると、母は涙を流した。父の浮気も頻繁に発覚した。父のオフィスを訪れた時、その場にいた女性が意味深な目で自分を見るのには子供心にも違和感を覚え、心臓発作で父が五十八歳にして亡くなった時には、別の女性から「お父様のことは、よーく知っていたわよ」と言われたりしている。生前の父は、以前のように順調に仕事が入らなくなると、酒を大量に飲み、酔っ払っては母に暴力をふるった。夜遅くに叫び声で目が覚め、何事かと寝室を出ると、ナイフを持った父が母を追い回していたこともあった。

子供が親と同じ職業を志すというのはよくあることだが、ミアの周囲にいるショービズ関係者の子供たちの多くも、当然のようにこの世界を目指した。しかし、ハリウッドは厳しい世界で、たとえ親のコネを使っても、親と同じくらい有名になった例は、ほとんどない。それどころか、俳優業だけで生計を立てられるようになることすら稀だ。そんな中で、ミアは、幸運にも早くから成功した。十代で舞台デビュー、「バタシの鬼軍曹」（一九六四）で初めて映画に出演したと思ったら、その同じ年、テレビドラマで重要な役に抜擢され、大ブレイクを果たしたのだ。

そのドラマは、テレビ局ＡＢＣが放映した「ペイトンプレイス物語」（シリーズは'64〜'69年。うちミア・ファローは'64〜'66年出演）。ミアの恋のお相手は、ライアン・オニールが演じた。開始当時は一週間に二回放映され、どの回も視聴率の上位に入り、ミアはたちまち注目の人となった。ドラマを製作したのは20世紀フォックス。この番組が始まる二年前、フォックスは、巨額の予算をかけた「クレオパトラ」（一九六三）が失敗し、倒産の危機に直面していた。フォックスはスタジオのある広大な不動産の一部を売却してなんとか凌いだのだが、残った敷地もまだ十分広く、スタジオ内には多くのサウンドステージがあり、常にさまざまな映画やテレビドラマが撮影されていた。大物スターが行き交う中、ミアも、多くの業界人と知り合いになる機会を得て、楽しい日々を過ごした。最初の夫となる人との出会いも、同じ頃スタジオ内で撮影されていた「脱走特急」（一九六五）の現場だ。

「脱走特急」は、フランク・シナトラ主演の第二次大戦映画で、物語の舞台はイタリア。サウンドステージには列車のセットが作られ、イタリア人の女優がたくさんいて、自分の撮影の休憩中に覗きに行ったミアは興奮した。そんなふうに、わくわくした表情で立っている若い娘は周りから浮いていて、男性たちの興味を引き、そのうちの一人が、「お嬢さんはいくつなの?」「こちらにいらっしゃい」と声をかけてきた。そう言われて慌てたミアは、手に持っていたバッグをうっかり落としてしまい、タンポンやリップクリームなど中身をばらまいてしまう。そんな失態をして余計に焦り、必死で床に落ちた物を拾っているミアを、シナトラが手伝った。そして、ある瞬間、二人の目が合ったのである。ミアがシナトラに恋をしたのは、この時だ。

躍る心を抑えようとするミアに、シナトラは、「金曜日、私が監督した映画の試写をやるんだけど、来る?」と誘った。それが、ミアとシナトラの初めてのデートだ。試写会が終わると、もう遅いにもかかわらず、シナトラは、「これからパーム・スプリングスに行こう」と誘ってきた。パーム・スプリングスは、ロサンゼルスから高速で東に二時間ほど走ったところにある、砂漠のリゾート地。シナトラはここに家を所有しており、友人たちを招くのが好きなのだった。だが、何の心の準備もしていないミアは、そう言われてどう答えていいかわからず、「猫に餌をあげないといけなくて……。私の猫は人間のベビーフードしか食べないんです」としどろもどろの言い訳をした。するとシナトラは、「じゃあ、明日来るといい。飛行機を用意するから。猫も連れてきたらいいよ」と言った。自家用飛行機を迎えに寄越すなどと言われ、びっくりしながらも、ミアは「はい」と返事をした。

家に帰り、明日の準備をしている間、ミアの心は動揺していた。何日か泊まることになるのだろう、男性の家を訪れるということはそういうことになるのだろうとの思いが駆け巡った。ミアには男性経験がなく、そういう時にどうするべきなのかも知らなかった。とりあえず、猫のためのベビーフードを二日分バッグに詰め、翌日、ミアは、猫と秘書を連れて、シナトラの自家用飛行機が待っているバーバンク空港に向かった。三十分の短いフライトを終え、パーム・スプリングス空港に到着すると、黒い車と、オレンジの半袖シャツを着たシナトラが待っていた。その黒い車が連れていったのは、メインの建物の他に離れがあり、大きなプールとヘリポートまである、モダンで広々とした家だった。そこではすでにユル・ブリナーなどシナトラの友達が何人かいて、のんびりとくつろいでいた。その人たちに軽く挨拶をしつつ、ミアは、今夜自分が寝る場所だという部屋に案内された。シナトラの寝室の隣にある、普段は書斎として使われている部屋だ。ミアは、早速、ここに猫のトイレを設置した。しかし、夜、書斎で寝たのは猫だけだった。この時、ミアは十九歳。シナトラは、二十九歳上の四十八歳だ。

　そこから、二人の秘密のロマンスが始まった。年齢差のせいもあって、シナトラは、ミアとの関係を知る人間を最小限にとどめておこうとした。友達や業界関係者との会食にミアを同伴することは避け、ミアとは食事の後に自宅で会うようにした。それでも、世界的大スターである彼が、娘と言ってもいいくらい年下の、今話題のテレビ女優と付き合っているという噂は、当然のことながら、またたく間に世間の知るところとなった。二人が婚約したとわかると、マスコミのフィーバーは頂点に達した。テレビをつけても、雑誌を見ても、自分とシナトラがいた。家の外にはいつもパパラッチが押し寄せていて、外出しようとすると、待ってましたとばかりに自分に群がってくる。そんな状況に心底辟易したミアは、ロンドンで撮影をしているシナトラとの国際電話で、その辛さを話した。するとシナトラは、「じゃあ、もう結婚してしまおうよ。今からラスベガスに行こう」と、突発的に提案した。そして、ミアは、いつものように、愛する人の提案に乗った。そうやって二人は、マスコミの目を避けてラスベガスで落ち合い、こっそりと結婚したのだ。それは、ミアが思い描いていた結婚式とは違っていたが、愛する人と夫婦になれるのは喜びだった。唯一、心残りだったのは、大切な母に晴れ姿を見せてあげられなかったことだ。シナトラにとっては、三度目の結婚。前の妻エヴァ・ガードナーが父の不倫相手の一人であったことについて、ミアは、一切口にしないことにした。

だが、甘い日々は長く続かなかった。原因の一つは、ミアが映画の仕事を立て続けに入れ、新婚生活を楽しむつもりだったシナトラの期待を裏切ったことだ。まずは、スパイ映画「殺しのダンディー」（一九六八）が入った。この話が来た時、シナトラはそれほど反対していない。ロケ地はヨーロッパと遠いが、ミアが出演する部分は十三日で撮影が終了するはずだったからだ。ところが、途中でアンソニー・マン監督が急死するという予想もしなかった悲劇が起こり、撮影は大幅に長引いてしまった。これはシナトラを不快にさせたが、次に予定されていたのは二人が初共演する「刑事《デカ》」（一九六八）だったので、そこで失われた時間を取り戻せばいいとミアは考えた。だが、そこへ、「ローズマリーの赤ちゃん」（一九六八）のオファーが来たのだ。監督は、業界の注目を集めている新鋭のロマン・ポランスキー。しかも、ミアにとっては初めての映画主演である。キャリアにおける、このまたとないチャンスを逃したくはないと、恐る恐る話してみると、思った通り、シナトラは良い顔をしなかった。それだけでなく、脚本を読んで、「この役を君が演じるのは想像できない」とまで言われた。大ベテランのシナトラがそう言うのだからそうなのだろうと自分を納得させようとしたが、断ることは考えられず、ミアは迷い続けた。しかし、最終的にシナトラは、スケジュールを見ても「刑事」の撮影開始には間に合うし、ミアがそんなにやりたいのならと、許してくれた。

ところが、その撮影がまた、とんでもなく長引いたのである。どう考えてもこれでは「刑事」の撮影開始に間に合いそうになかった。そうなったら「ローズマリーの赤ちゃん」を降板して「刑事」に来てくれるとシナトラが期待しているのは、ミアにもわかっていた。だが、主役である以上、そんな無責任なことができるわけはない。ミアが戻ってこないとわかると、シナトラは、苦渋の思いでジャクリーン・ビセットを代役に据えた。急な変更に対応するため、その役は出番が減らされることになった。そんな負担を、ミアは現場に強いたのだ。

このことで夫婦の関係に大きなヒビが入ることは、ミアも覚悟をしていた。それでも、次に起こることはまったく予想していなかった。ある日、シナトラの弁護士が突然「ローズマリーの赤ちゃん」の撮影現場を訪ねてきて、ミアに大きな茶封筒を手渡したのである。中に入っていたのは、離婚のための書類だった。心底驚いているミアの様子に、弁護士は意外な表情を見せた。すでにシナトラから離婚の意思を聞かされていて覚悟ができているものだと思っていたからだ。だが、ミアは、一度も「離婚」という言葉を聞いていなかった。茫然としたまま、書類をろくに読むこともせず、ミアは言われるままに署名した。

実際に離婚が成立したのは、それからかなり後だ。その前に、ミアは、次の映画「秘密の儀式」（一九六八）を撮り終え、「ローズマリーの赤ちゃん」も公開されている。その間、マスコミは、二人の結婚に問題があるのではないかと噂こそ立てても、まさか離婚のための書類が交わされているとは知らなかった。収入の差は歴然ながら、この離婚で、ミアはシナトラからお金を一切受け取っていない。プレゼントとしてもらった高価なジュエリーが、その短い結婚生活で唯一ミアが手にした物である。こんな仕打ちを受けたにもかかわらず、離婚してからも、ミアはシナトラとも、娘ナンシー・シナトラ・Jr.とも、友好関係を続けた。後にミアは、シナトラこそ人生で最高に愛した人だったと語っている。そしてミアは、「ローズマリーの赤ちゃん」の大ヒットのおかげで、見事、テレビ女優から主演級映画女優へ飛躍した。一つの結婚を犠牲にしたが、その代償はあったのだ。

二十三歳の若さで離婚、しかもそれが全世界の知るところとなってしまったミアは、もう自分の人生は終わりだと悲観した。傷ついた心を癒すため、ミアはしばらくインドを訪れ、アシュラムで時間を過ごしたりもした。だが、次の恋は、思いのほか、早く訪れた。今度のお相手は、ロンドン交響楽団の指揮者を務めるアンドレ・プレヴィンだ。

アンドレは、ミアより十六歳上の、ユダヤ系ドイツ人。ナチの台頭を受け、九歳の時に家族と共にロサンゼルスに移住した。親族には音楽関係者がおり、アンドレも早くから飛び抜けた音楽の才能を発揮して、ビバリーヒルズ高校在学中に映画スタジオＭＧＭに声をかけられ、映画音楽の作曲、編曲、音楽監督を行うようになる。以後、この世界で活躍を続け、アカデミー賞にも何度となく候補入りをした。しかし、三十九歳で、自分が本当にやりたいことは交響楽団の指揮者だと気づき、思い切ってロンドンに拠点を移したのだ。

ミアとアンドレは、ずっと前にカリフォルニアで会ったことがあった。だが、恋に発展したのは、ロンドンでのパーティで再会してからだ。その時、アンドレには、シンガーソングライターのドリーという二番目の妻がいた。しかし、ミアとアンドレは、ドリーに黙ってアイルランドに旅行し、そこでミアは妊娠してしまう。突然アンドレから離婚を言い渡されたドリーは、絶望の淵に落とされ、しばらく立ち直れなかった。そんな中で、ドリーは「Beware of Young Girls（若い女に気を付けろ）」という歌を書いている。

ミアとの結婚が決まると、アンドレは、ロンドン郊外サリーに一軒家を購入した。大きなオークの木に囲まれた、十七世紀に建てられた風情のある家で、そう遠くないところにローレンス・オリヴィエも住んでいた。ミアはその年のクリスマスまでに結婚したいと思い、お腹が隠れるドレスも購入したのだが、ドリーが離婚を受け入れず、結婚式は、出産後の翌一九七〇年九月になった。赤ちゃんは双子の男の子。名前は、マシューとサーシャになった。アンドレには最初の妻との間に娘が二人いたが、男子は初めてであり、この子たちの誕生を喜んだ。それでも、アンドレがわが子と過ごす時間は限られていた。コンサートやツアーで家をあけることが多く、家にいる時間は次の仕事のための準備に追われる。ミアにとって、それは寂しかった。アンドレがロンドンでコンサートをする時は見に行ったが、子供がまだ小さすぎてツアーには連れて行けない。必然的に離れている時間が多く、結婚二年目の一年間にミアがアンドレと一緒に過ごした日は、たった十五日しかなかった。

そんな中でも、ミアとアンドレは次の子供が欲しいと思うようになる。しかし、反ベトナム戦争に傾倒していくうち、ミアは、世の中には親がいないかわいそうな子供がたくさんいるのだから、自分の子供を産むよりその子たちを救うべきではないかと考えるようになった。アンドレもその考えに賛成し、夫妻はベトナムから養子をもらおうと決めた。その手続きには二年がかかり、ようやく女の子の赤ちゃんを引き取ったのは、一九七三年の五月だ。ミアにとって初めての娘となるその子は、ラークと名付けられた。

結婚して以来、ミアは、自宅から通える場所でない限り、仕事は受けないと約束していた。そのため、主にロンドンやマンチェスターで舞台の仕事を受けるようにしてきた。そんな中、車で二時間の距離にあるパインウッド・スタジオで撮影される映画「華麗なるギャツビー」（一九七四）の話が来ると、その条件を満たす理想的なプロジェクトだと思い、ミアは飛びついた。三男のフレッチャーを妊娠したのは、この映画の撮影中だ。その間にもベトナム戦争は続き、フレッチャーを出産した後も、再びベトナムから養子を取ろうと思った。それが、生後七カ月の、最初、ミアたちがサマーと呼んだ女の子である。後にこの子は、ミアが「華麗なるギャツビー」で自分が演じた役にちなみ、デイジーと呼ばれるようになった。

五人の子供たちがすくすくと育つのを見た二人は、さらにもう一人、養子を取ろ

う と決めた。だが、今度は赤ちゃんではなく、養子として敬遠されがちな、もう少し年齢が上の子にしようと思った。そこで、イギリス、アメリカ、韓国の養子縁組斡旋団体に連絡をしたところ、スンニという女の子を紹介された。ソウルの路上をさまよっていたというその少女は、推定五歳で、児童養護施設で暮らしていた。ミアとアンドレは、この子こそわが家の三番目の娘だと感じたが、アメリカでは一家族につき海外からの養子は二人までという法律があると知らされる。そこでミアはコネを使いマサチューセッツ州の下院議員に働きかけて、この法律を変えさせた。おかげで、スンニを実際に引き取るのには、一年以上がかかっている。将来、自分の恋人を奪うことになる娘を、ミアはそこまでして自分の人生に連れてきたのだ。

スンニがやってきてまもなく、ミアとアンドレの関係は破綻した。アンドレの仕事が忙しすぎてすれ違いが多かったことと、アンドレの女性問題が理由だ。ミアが、友人ヘザー・ヘイルズとアンドレのただならぬ状況を目撃したのが決定的だった。離婚成立は、結婚九年目の一九七九年。アンドレとヘザーは一九八二年に結婚し、十七年後に離婚した。その後もアンドレは結婚し、また離婚をした。しかし、ミアとの間に持った子供たちの養育費や学費はしっかり払い、連絡や面会も頻繁に行った。アンドレは二〇一九年、八十九歳で亡くなった。

アンドレと別れたミアはイギリスを離れ、ミアが十八歳の頃から母が借りていたマンハッタンのウエストサイドのアパートに戻った。家賃規制の対象となっていたため、好立地のわりにお得なそのアパートは十一室もある広さで、母はフロアの半分をミアに与えてくれた。ここに腰を落ち着けたミアは、韓国からさらに養子を引き取ることにした。シングルマザーとして新たに養子を取ることは、前もってアンドレにも相談し、同意を得ていたことだ。この時は、あえて障がいのある子供を希望し、ひどい火傷《やけど》をした二歳の女の子と、脳性麻痺の、やはり二歳の男の子を紹介してもらっている。脳性麻痺の子を選んだのは、「引き取ってくれる人を見つけるのがより難しいのはどちらの子でしょうか」と聞いた結果だった。この子に付けられた名前は、ミシャ・アマデウス。アマデウスというミドルネームは、アンドレへの思いを込めたものだ。しかし、ウディと付き合うようになってから、ウディがミシャいう名前はダサいと言ったため、バスケットボール選手モーゼス・マローンに因んで、ファーストネームをモーゼスと改名している。

ミアがウディと出会い、交際を始めるのは、ちょうどモーゼスとの養子縁組が決まった頃だった。二人をつなげたのは、マイケル・ケインである。マイケルとミアはフォックスのスタジオで仕事をしている頃に知り合った仲だ。ある夜、ミアは、出演しているブロードウェイ劇を見に来てくれたマイケルに、「これからミック・ジャガーと食事の約束をしているのだが、一緒に来ないか」と誘われた。待ち合わせの店は、ウディが行きつけの、アッパーイーストサイドにあるイレーンズだ。その夜もウディは店にいて、マイケルは、自分の席に行く途中に彼のテーブルに立ち寄り、挨拶をした。するとウディは、マイケルの隣に立っているミアに、ミアが前に送った「マンハッタン」を絶賛するファンレターのお礼を言ったのである。「おかげであの日はとても気分が良くなったよ」と、恥ずかしがり屋のウディは、にこりともせず言った。そんなやりとりに感激したミアは、テーブルに着き、ワインを飲みながら、マイケルに、あるエピソードを打ち明けた。ミアは、少し前に出た「ニューヨーク・タイムズ・マガジン」誌の表紙を飾るウディの写真をとても気に入り、切り取って保管していたのだ。曇り空の下、傘を差して立っているウディの表情が、なぜだかとても興味深く、魅力的で、何度も見直したいと思ったからだと、ミアはマイケルに言った。それを聞いたマイケルは、ウディのテーブルに飛んで行ってその話をした。ミアのもとに、ウディ主催の大晦日パーティの招待状が届いたのは、その数週間後である。

そのパーティは、ボブ・フォッシーやライザ・ミネリ、ロバート・デ・ニーロなどエンタメ界の大物、政治家、NBAのスター選手など、ニューヨークにいるセレブリティというセレブリティが集まり、キャビアやオイスター、シャンパンとワインがたっぷり提供される、とびきり豪勢なものだった。アメリカでは、こういったパーティには、配偶者なり、恋人なりを同伴するのが普通だが、シングルだったミアは、妹のステファニーを連れていった。到着したミアとステファニーを迎えてくれたウディの横には、ダークな髪の女性が立っていた。ウディの映画「スターダスト・メモリー」（一九八〇）に出演した女優ジェシカ・ハーパーである。ウディが秘書を通じてミアをランチに誘うのは、ジェシカとの短い交際が終わった後だ。初めてのデートは、大晦日パーティからおよそ三カ月が経った、四月の初めだった。

ウディが指定した店は、当時最も話題だった高級フレンチレストラン、ルテスだった。ミアは聞いたことがなかったが、友人に話すと感心され、「知らないの？」と驚かれた。何を着ていこうか迷ったが、春とはいえ肌寒かったので、セーターにスカート、その下にレギンスというコーディネートに決めた。ミアが到着すると、ツイードのジャケットにネクタイ姿のウディが、すでにテーブルに着いていた。ウディが選んだ一九四九年のシャトー・ムートン・ロートシルトを飲みながら、二人はモーツァルトやマーラー、シューベルト、プラトン、キリスト教、ドストエフスキーなど、ありとあらゆる話題に花を咲かせた。ミアはウディがクラリネットを演奏することを初めて知り、ウディはミアに七人も子供がいることを知った。七人も子供がいる女性と交際しようとしていることについて、ウディは、コメディを見るような気持ちで、ちょっと楽しんでいた。その段階で、それは、この女性についての事実の一つにすぎなかったのだ。彼女に三人の実子がいて、四人の養子がいるということは、普通ではないにしても、悪いことでもないと、ウディは思った。もっと敏感な人なら、それはちょっと普通を超えていると気づいたかもしれないが、引き返す理由をあえて探すことはしたくなかったのだと、ウディは後に振り返っている。

長すぎるランチを終えて店を出た時、外はもう暗かった。ウディは、運転手付きの白のロールスロイスでミアを家まで送り、別れ際に、「この後、私はパリに行くんだが、帰ってきたらまた会わないか」と誘った。ミアは「ぜひ」と言い、約束通り、秘書を通して食事の誘いがあった。そこから二人は毎週、ミアの舞台が休みの日曜日にデートをするようになった。一週間はあまりに長すぎて、会えない日にはお互いの家に手紙やプレゼントを届けるなどし、愛を伝え合った。

だが、ある平日、ミアが出演する劇場に「日曜まで待てなかった」とウディが訪ねて来てから、交際は本格化する。ロールスロイスでミアの知らなかったニューヨークを見せてくれるウディとのデートは、ミアに、ウディ・アレンの映画の中に飛び込んだような錯覚を起こさせた。時計台に上って、ニューヨークを見下ろしながら、ウディが紙袋に包んで持ってきたシャトー・マルゴーを飲むうちに、ミアはますますウディに夢中になっていった。

ミアとウディの家は、セントラルパークを挟んでちょうど向かいにあった。ミアがウエストサイド、ウディがイーストサイドである。二人は、お互いの窓を望遠鏡で覗いて手を振ったり、タオルを振ったり、照明を点けたり消したりしては、愛を確認し合った。しかし、二人は付き合っている間、一緒に住んだことはなく、ウディはミアの家に泊まったこともなかった。ウディにとっても、ミアにとっても、そんな恋愛関係は初めてのことだった。原因の一つは、ミアの子供たちである。ウディは子供にまるで関心がなかったのだ。また、ミアの家には、犬、猫、鳥、金魚などペットもいたが、ウディは動物が好きではなく、病気をもらうのではと恐れているほどだった。それでも、彼なりに努力もしている。ミアが子供たちを連れ、おもちゃをごっそり持ってウディの家に泊まりに行ったり、ウディの編集室で子供たちを遊ばせたこともある。白のロールスロイスを、子供たち全員が乗れるように黒塗りのストレッチリムジンに変えてくれた。それくらいなら妥協できても、毎日、一日中、そういう生活をするのは、ウディには考えられなかったのである。

しかし、ミアはこの関係をもっと先に進めたいと望んでいた。交際が始まって間もない頃、一緒に映画を見ている最中、突然「あなたの子供が欲しい」と言ったことがあるし、その数週間後には、中華料理店で食事をしながら、「結婚しましょう」と提案した。そんなミアを、ウディは、「お互い二度も結婚していて、そこから学んだはず。結婚というのは不必要な儀式で、男女の関係というのはうまくいく時はいくし、いかない時はいかない。紙切れは何の助けにもならない」と説き伏せた。ミアは不服そうだったが、ウディはそこでこの話を打ち切った。

そんな中でも、二人の関係は仕事面でも強まっていった。ミアが最初に出たウディの映画は、「サマー・ナイト」（一九八二）だ。最後に組んだ「夫たち、妻たち」（一九九二）まで、ミアはウディの映画に十三本も連続で出演している。ウディはいつも秋にニューヨークで撮影をし、年に一本新作を作る上、撮り直しもしょっちゅうあるため、ミアは、ほかの監督の作品にまったく出られなくなった。ウディの映画は誰に対しても安いギャラしか払わないので、金銭的にはそれほど美味しくない。しかし、安定して仕事が入るのはありがたいし、撮影場所がいつもニューヨークというのも、子育てと両立させる上で助かっていた。監督が恋人ということでいろいろ融通が利くというのもある。「ハンナとその姉妹」（一九八六）はミアの家で撮影され、母と共演することもできた。感謝祭の集まりのシーンには、フレッチャー、デイジー、モーゼスが出ている。フレッチャーは「ラジオ・デイズ」（一九八七）にも出演した。ウディとミアの生活は、すべての面で、密接に絡み合っていったのである。

だが、その間、ウディが必ずしもミアに忠実だったわけではない。たとえば、ウディが自分の妹に惹かれているのではとミアが疑ったことがある。だから、主人公ハンナの夫がハンナの下の妹に恋をするという「ハンナとその姉妹」の脚本を読んで、大きなショックを受けた。自分の恋人が自分の妹に心を寄せているかもしれないという不安を、ミアは誰にも言えなかったのに、ウディはそれを映画にしようとしているのだ。しかも、この脚本で、ハンナの夫はハンナの妹と深い関係に陥ってしまう。それでも、ミアは、「これはあくまでウディの空想に違いない。これはフィクション。今では妹も結婚して子供までいる」と言い聞かせ、ハンナ役を演じることにした。映画の撮影中、ウディは現場で別の女性と妙に親しくしていたが、それも、その女性は映画作りについて学びたいだけだと自分を納得させた。「ラジオ・デイズ」の現場でウディがある女優と異様にベタベタしていたとフレッチャーから聞いても、気にしないようにした。一緒にいる時にはしっかり愛情を示してくれる恋人を、信頼したかったのだ。そうやって、二人は長い関係を続けていくのである。

しかし、ウディは、ミアがコネチカット州ブリッジウォーターに購入した家を、いつまでたっても気に入ってくれなかった。週末や、子供の夏休みを過ごすためにミアが買ったこの家は、道路から家まで並木のトンネルが続く、喧騒から離れた、プライバシーを守れる、田舎暮らしを愛するミアには理想的な家だった。メインの建物の他に、離れが二棟あり、中央には大きな池がある。湖もすぐそばにあり、ミアはここで、子供たちやペットとのんびりした時間を過ごすのを楽しんだ。だが、ウディは田舎が嫌いで、動物も、虫も苦手だ。家自体が古い造りで、バスタブはあってもシャワーがないのも問題だった。ミアはバスタブに浸かって体や髪を洗うので問題はなかったが、ウディのために、新しくシャワーを設置した。しかし、そのシャワーも、排水孔が真ん中にあったため、ウディはあまり使いたがらなかった。ウディには、シャワーの排水孔は隅っこにあるべきだという奇妙なこだわりがあるのだ。そういうこともあって、ウディは、この家にやって来ても日帰り、せいぜい一泊しかしなかった。

ウディが乗り気でないのは十分知っていながら、二人の子供が欲しいというミアの願望が消えることはなく、「カメレオンマン」（一九八三）を撮り終えた後、あらためてウディにその気持ちを伝えた。ウディの答えは、「少し考えさせて」。そんなウディを、ミアは、「子供の世話は全部自分がやる、あなたは何もしなくていいから」と必死で説得した。最終的に、渋々ながらウディは了解したのだが、ミアは四十代が迫っていたせいもあってか、二年努力しても、子供は授からなかった。そこでミアは、代わりに新たな養子を取ろうとウディに提案した。ウディは気乗りがしなかったのだが、今度もミアは「あなたは何もしなくていい」と強く訴え、イエスと言わせた。二人は結婚していないので、どちらにせよ、ミア単独の養子縁組となり、ウディは関係ない。それでもミアは、この新しい子がウディの心を開いてくれること、それをきっかけに他の七人の子供も愛するようになってくれることを願い、二人で引き取るということにしたかったのである。だからこそミアは、ウディが「かわいいと思える可能性が高い」と言ったアメリカ生まれの白人の女の子を選んだのだ。それがディランだ。

ディランがやってくる前、ウディは、「その子をかわいいと思う保証はない」とミアに繰り返し言っていたので、ミアは、あまり期待をしないようにしていた。だが、驚いたことにウディはディランに夢中になったのである。くるくるした柔らかい髪の毛が伸びてくると、ますますウディはディランを可愛がるようになり、ついに「みんなで一緒に住もうか」と言い出した。それはまさにミアが以前から望んでいたことだ。喜んだミアは、自分の家の方が広かったことから、こちらで一緒に住もうと提案した。だが、イーストサイドにこだわるウディは、ウエストサイドは絶対に嫌だと言う。それでミアは、イーストサイドの物件をいろいろと探し、これはという家を見つけた。その家には庭もあり、子供がいる家庭にうってつけだとミアは心を躍らせた。だが、ウディは気に入らない。そんなことをしているうちに、いつしか引っ越しの話はうやむやになってしまった。

しかし、ウディのディランへの愛は変わらず、毎朝、ミアと子供たちが起きる前にミアの家を訪れ、ディランと時間を過ごすようになる。あれほど好まなかったコネチカットの家にも、ディラン目当てで頻繁に訪れるようになった。そんなディランへの気持ちが、家族全体に対するウディの思いにつながってくれることを、ミアはまだ願っていた。しかし、その気配はなく、ウディの異常なまでのディランへの執着に、次第に疑問を持つようになる。ミアの家に来ると、ウディは、ミアや他の子たちを無視してディランに直行し、ディランを抱き上げて他の部屋に行ってしまうのだ。コネチカットの家にいた夏のある日には、ミアの妹ティサが、裸で遊んでいたディランにウディが日焼け止めを塗る様子を見ていやらしいと感じた。そういうことが重なるうち、ミアは、ついに勇気をふりしぼってウディに、「ディランを見るあなたの目がいやらしい」と指摘した。するとウディは激しく怒り、その反応を恐れたミアは、以後、この件には触れないようにした。

そういう状況にあったにもかかわらず、ミアは、ディランに妹がいたほうがいいと思い、もう一人女の子を引き取ろうと提案する。ウディにも異論はなかったが、結局実現しなかった。ミアの妊娠がわかったからだ。その朗報を伝えると、ウディは無反応だった。喜んでくれると思っていたら、まるで他人事のようにさらりと受け流したのである。生まれてくる子の父親からそんな仕打ちを受けて、ミアは強い悲しみを覚えた。ウディとミアの関係が少しずつ壊れていくのはここからだ。それでも、ウディは帝王切開での出産に立ち会い、子供の名前も決めた。赤ちゃんは男の子で、ウディの第一希望の名前はイングマールだった。この名前をミアが嫌がったため、バスケットボール選手サチェル・ペイジに因《ちな》んだ第二希望のサチェルで落ち着いている。

しかし、奇妙にも、サチェルの出生証明書にウディは父親として記載されていない。ウディが必要書類に署名をしなかったからだ。法律上の夫婦ではないため、ミアが勝手に父親としてウディの名前を書くことは許されなかったというのが、ミアの説明だ。ミアは書類をウディに渡し、書いてくれるように頼んだのだが、ウディは「弁護士に相談する」と言ったきり、戻さなかったのである。それに対し、ウディは、そんなことはありえない、書類などもらっていないと主張。もしもミアが本当に自分の署名を望んでいたのなら、「早く書類を返して」と言ってくるはずだというのが、ウディの言い分だ。

出産前に離れ始めたミアのウディに対する心は、子供が生まれるとますます遠ざかっていった。帝王切開からの回復がかんばしくなく、しばらく車椅子生活を強いられたミアを、ウディは全く気遣ってくれなかったのである。その冷たさにミアが心を痛めている間、ウディはディランとの正式な養子縁組の道を模索していた。結婚をしていないのに、パートナーの子供の正式な親になることが認められたケースは、ニューヨークで前例がない。そのため、ミアはどうせ不可能だろうと本気にしていなかった。そこへ、苦肉の策として、ウディの弁護士が、モーゼスとセットにしようと言い出したのである。モーゼスが着目されたのは、ミアの子供たちの中で父親がいないのはディランとモーゼスだけだからだ。他の子たちにはアンドレという父親がいるが、この二人にはいないので、父親になりたいと言えば、裁判所は理解してくれるのではないかというのである。それでミアがモーゼスに、「ウディにパパになってもらいたいか」と聞いてみると、モーゼスは大喜びした。それから数日、ずっと上機嫌なモーゼスを見て、ミアは、それも悪くないかもしれないと思うようになる。何より、ミアはまだウディを愛していた。ここのところ関係がギクシャクしていても、この先も自分たちはずっと一緒にいるのだと思っていた。ならば、彼の望みをかなえてあげるのがいい。ここから、ともに家族を作っていけるかもしれないと、ミアは思った。

そうして、一九九一年十二月十七日、ウディ、ミア、モーゼス、ディランは裁判所に足を運び、ウディは正式にこの二人の子供の父親となった。当日になっても、まだミアには多少の不安があり、「自分の同伴なしでディランを宿泊させないこと」「万一、自分たちが破局した場合、親権を奪おうとしないこと」という条件について念を押した。ウディは「当然だよ」と言い、「私は子供と一緒に住みたくなんかないんだ。子供がいつもそばにいるのは嫌。それは君が一番よく知っているだろう?」と、あらためて約束をしてくれた。ミアは、その言葉を受け止め、裁判所を出た足で「夫たち、妻たち」の撮影現場に向かった。帰り際のモーゼスの嬉しそうな表情も、これで良かったのだとミアを納得させた。そうやって絆を深めたばかりであるはずの家族が、ウディの裏切りによって崩壊するのは、それからひと月も経たない、翌年一月のことだった。

第四章　スンニと禁断の愛

スンニという名前は、生まれた時に与えられたものではない。迷子として保護された時、自分の名前を言わなかったことから、最初に連れて行かれた児童養護施設でつけられたものだ。ミアとアンドレが養子縁組をした際の書類には、誕生日として一九七〇年十月八日と記載されているが、それも適当に選ばれた日付だ。自分の誕生日はおろか、年齢すら、この幼い少女は知らなかったのだ。

それでも、漠然とした記憶はあった。二〇一八年の「ニューヨーク」誌のインタビューで、スンニは、家は貧乏で、家具もなくがらんとしており、母だけがいて、父はいなかったと述べている。庭はコンクリートのような感じで、木や植物もなく、殺伐としていた。そんな狭い空間で毎日を過ごすうちに、スンニは、「外はもっと素敵なのではないか、外にはきっと何かがある」と思うようになった。そうやって家出をしたスンニは、あてもなくソウルの街をさまよい歩いた。食べる物もなく、ゴミ箱をあさったり、見つけた石鹸を食べようとしては吐き出したこともある。見知らぬ女性に声をかけられたのは、パン屋を外から覗き込んでいる時だ。その女性は「お腹が空いているの？」と聞き、食べ物をくれたが、「名前は何、どこから来たの」と質問しても一切答えないため、女性は警察を呼び、警察はスンニを児童養護施設に連れて行った。

ミアとアンドレがスンニの写真を見せられたのは、その直後だ。その白黒写真の女の子は、丸刈りで、唇が荒れていて、楽しそうにも、悲しそうにも見えなかった。ミアとアンドレは、韓国だけでなく、アメリカやイギリスの団体ともやりとりをして新たな養子を探していたのだが、この写真の女の子に、なぜか心を惹かれた。そして、自分たちが引き取るのはこの子だと決めたのだ。

だが、この子を自分たちの娘として迎え入れるには、外国からの養子縁組についてのアメリカの法改正を待たねばならなかった。その間、将来のわが娘をできるだけ良い環境に置いてあげたいと、ミアは、スンニをソウルで一番良いと聞いた施設に移すよう手配した。幼いスンニには、大人の間で、海を超えてそんなやりとりがあったことなど知るはずもなかった。何の不満もないのに、なぜ大人たちが急に自分を連れ出そうとするのか理解できず、スンニは机の下に隠れて必死で抵抗した。今いるところよりも良いとミアが聞いた次の場所は、修道女らが子供たちの世話をする施設。同室の子供の誰かがおねしょをすると、全員が引っ叩かれたりする厳しさはあったものの、スンニはここでもそれなりに快適な毎日を過ごした。

それから一年以上が経ったある日、突然、ミアが現れた。初めて会う、その白人の女性は、とても嬉しそうな表情で、両手を広げて近づき、自分を強く抱きしめた。そのドラマチックな出会いが済むと、ミアはスンニの手を繋ぎ、修道女とスンニの友達を後にした。わが家として過ごしたその施設を去っていく時、スンニは一度も後ろを振り返らなかった。

しかし問題は、すぐに起こった。その夜、二人は、ソウル市内のホテルに泊まったのだが、ここでミアは、スンニがごく普通のことの多くを知らないというショッキングな事実を見せつけられたのだ。たとえば、回転扉を見ると怖がり、エレベーターに乗ると吐いた。卵が出てくると、殻をむかずにそのまま口に入れてしまう。プレゼントを渡しても、じっと箱を見つめているばかりだった。中に何かが入っていると知らないのだと気づき、ミアが包装紙を開けてあげようとすると、機嫌を悪くして泣いた。なだめながら、ゆっくりとセロテープをはがし、中にあった女の子用のパジャマを出すと笑顔になったが、それをスンニの体の前にあてがい、鏡で見せると、パニックになって叫びながら激しく鏡を蹴った。その勢いで、二人ともバスタブの中に落ちそうになってしまった。

お風呂にどう入ればいいのかも、スンニは知らなかった。施設では大風呂にみんなで一緒に入っていたが、ホテルのお風呂は小さくて、勝手がわからないのだ。その頃にはさすがにミアも苛立ち、湯船におもちゃを入れながらゆっくり教えることもせず、怖がるスンニをお湯の中にぶち込んだ。ベッドで寝ることにも慣れておらず、スンニはミアのベッドの横の床で眠った。

ロンドン郊外サリーのプレヴィン家に到着してからも、ミアとスンニの困難は続いた。それが輪ゴムであれ、ガムの包み紙であれ、何か新しい物を見つけると、スンニはパンツの中に隠すのだ。それまで赤ちゃんしか養子に取ったことがなかったミアにとって、七歳になるまでまったく違う環境で育った子は、意外なことだらけで、思っていたよりずっと大変だった。英語が話せないのも、さらに苦労を多くした。覚悟していたことだが、想像していたより、覚えがずっと遅かったのだ。ブロックを使ってアルファベットを教えている時、スンニがなかなか理解しないのに痺れを切らして、ブロックを投げつけたこともあった。スンニにとっても、そんな毎日は苦痛だった。見渡す限りラッパスイセンが咲き、犬、猫、オウム、イタチなどたくさんのペットがいる、一見、絵本の世界のような、藁葺《わらぶ》き屋根のその家で、スンニは過去に経験したことのない恐怖と孤独を感じていた。庭の向こうに見える屋根を眺め、スンニはしばしば「あの家のどれかには、私を愛してくれる人がいるのかしら」と、虚しく思いを馳せた。

この頃、ミアとアンドレ・プレヴィンの関係が悪化していたことも、雰囲気をさらに悪くした。加えて、子供たちの中にはヒエラルキーがあり、ミアはそれを隠そうともしなかった。ミアが好きなのは頭の良い子とルックスの良い子で、頭が悪いとレッテルを貼られたスンニは、対象外だったのだ。ミアの他の子供たちや、一家を長く知っているピアノの先生は、ミアは実子も養子も平等に接していたと証言しているが、スンニの次に韓国から養子としてやって来たモーゼスは、贔屓《ひいき》はあったし、中でもスンニはとりわけミアにいじめられていたと述べている。スンニは独立心が旺盛で、恐れずミアに立ち向かったからだ。ミアがうさぎの置物や電話の受話器をスンニに投げつけたのも、モーゼスは目撃している。スンニがきょうだいと遊んでいて、ラークがちょっとしたケガをしてしまった時も、ミアはスンニに「あなたは参加しちゃダメだと言ったのに」と、スンニのせいだというように責め、「あなたは本当に言うことを聞かない。精神病院に入れてやる」と言い放った。そう聞いてスンニは怯えたが、幸い、それはミアの本気の発言ではなかった。

引き取られてすぐ、スンニは「ナイル殺人事件」（一九七八）のロケ地エジプトに、その後には「ハリケーン」（一九七九）のロケ地ボラボラに連れて行かれ、学校に行くことができず、ベビーシッターに勉強を見てもらうことになった。アンドレと離婚し、マンハッタンのウエストサイドのアパートに戻ると、ミアはスンニを実際の年齢よりも二つ下の三年生として小学校に入れた。その頃から、スンニはラークと一緒に、家事の多くをやらされるようになった。一家の食料品の買い出しは二人の、弟や妹が学校に行くのを見送り、障がいを持つモーゼスにマッサージをやってあげるのはスンニの役目。ウディの妹でプロデューサーでもあるレッティ・アロンソンは、ミアの家でアジア系の少女たちが甲斐甲斐しく動き回っているのを見て、メイドだと誤解したほどだ。スンニが十二歳になると、ミアがウディの家に泊まる時にはベビーシッターは雇われず、スンニとラークにその役割が押し付けられた。そのことを絶対にアンドレに言わないようにと口止めもされている。コネチカットの家では、ラークが料理をし、皿洗いと掃除はスンニとラークが二人でやった。ウディが来る日、ミアのシーツにアイロンをかけるのも、スンニだった。初潮を迎えた時にもミアは生理用品の使い方を教えてくれず、最初のブラジャーが必要になった時に買ってくれたのはベビーシッターだった。

ミアの家の中でそんなひどいことが起こっているなど、ウディはまるで知らなかった。ミアは、「実子と養子が一緒に楽しく生きる幸せな家庭」のイメージを完璧に作り上げていたからだ。それに、そもそもウディは、ミアの子供たちに無関心だった。スンニは父であるアンドレとあまり時間を過ごすことなくニューヨークに来てしまったため、ミアは、ウディが家に出入りするようになった頃、ウディにスンニの父親のような存在になってくれないかと期待し、「アイスクリームでも食べに連れて行ってあげて」と何度も頼んだのだが、その都度断られている。

スンニはと言えば、ウディに興味がないどころか、むしろ嫌いだった。ミアのような意地悪な人間と付き合うような人だから、同類なのだろうと思っていたのだ。それで、ウディが来ると、スンニは今にもナイフを突きつけそうな態度を見せた。

スンニの態度が少しずつ変わっていくのは、十五歳になった頃だ。きっかけは、学校でサッカーをしていて、足首を捻挫したこと。痛いのを我慢しながらなんとか帰宅してきたスンニを見て、たまたまミアの家にいたウディは心配し、医者に行くよう勧め、翌朝にはスンニを学校まで送っていってくれたのだ。「自分はいつも嫌な態度しか取らないのに、こんなに優しくしてくれるなんて」と反省したスンニは、それからはウディが家に来ると部屋から出てくるようになった。ウディがテレビでバスケットボールや野球の試合を見ていると、隣に座って、ルールを教えてもらったりするスンニを、きょうだいが冷やかしたこともある。ウディもスンニに打ち解け、家に来ると必ずスンニの部屋に立ち寄り、ちゃんと宿題をやっているか、学校はどうだなどと気にかけるようになった。スンニの十六歳の誕生日パーティにも、文句も言わずに出席した。ミアの子供の誕生日を気にかけるなどそれまでなかったことだ。また、ある時、ウディがスンニの素脚をきれいだと褒めてからは、スンニは冬でも家の中でタイツをはかなくなった。ミアが「寒いんじゃないの？」と言っても、知らん顔だった。

しかし、ミアは何の疑いも持たなかった。それどころか、二人が初めて一緒に外出するきっかけは、ミアが作ったのだ。心理カウンセリングが大好きなウディは、ある時、内向的に見えるスンニにもカウンセリングを受けさせるべきではないかと、ミアに言った。するとミアは、「それよりも、外に連れ出してあげてよ」と、ニックスの試合を見に行くことを提案したのである。プロバスケットボールチーム、ニューヨーク・ニックスの大ファンであるウディは、シーズンチケットを持っていたが、ミアはスポーツに関心がないため、一緒に行くことはほとんどなかった。それで、「あなたはいつも一緒に行ってくれる人を探しているじゃない?」と言ったのだ。誘ってみると、スンニはすぐに承諾した。そして、その後、二人は何度となく一緒に試合観戦に出かけるようになる。一九九〇年一月には、ウディが、自分の恋人の娘である高校生と並んで試合を観戦する写真が初めてメディアに出回った。そうやって少しずつ一緒に時間を過ごしていくうちに、ウディは、スンニが、ミアの言うような「頭が空っぽの、遅れた子」ではないと気づいていくのだ(多少の学習障害があるのはスンニ本人も認めるところで、高校卒業まで特別な家庭教師についてもらって勉強している)。それどころか、賢く、勇気があり、自分の意見がある、しっかりした子だと確信していき、この若い女性との会話をこんなに楽しいと感じるのは間違っているのではないかと思いつつも、惹かれていく気持ちは抑えようがなかった。

その年、ウディは、自分の監督作以外に、ポール・マザースキーが監督したベット・ミドラーとの共演作「結婚記念日」(一九九一)に出演した。映画の舞台はロサンゼルスのショッピングモール、ビバリーセンターだが、ロサンゼルスを嫌うウディの希望で、撮影のほとんどはコネチカットのショッピングモールとニューヨークのクイーンズにあるスタジオで行われた。映画には買い物客として多数のエキストラが必要だったため、ウディはスンニとフレッチャーに声をかけた。毎朝、リムジンは、まずイーストサイドでウディを拾い、次にウエストサイドのミアの家からスンニとフレッチャーを拾って、現場に向かった。その車の中で、ウディとスンニはおしゃべりに花を咲かせ、途中、しばしばウディはスンニの手を握ったり、太腿の上に手を乗せたりした。車には時々、他の人も同乗することがあったが、二人はその人たちの目を気にすることもなく、堂々としていた。

この映画の撮影が終わったあたりから、スンニは、週末になると、朝九時頃から夕方まで、一人で出かけるようになった。映画の現場で仲良くなった二十代後半の女友達に会うとスンニは言ったが、毎回、妙におしゃれをして行くのを見て、ミアは不審感を持った。これまではスウェットシャツとジーンズ、スニーカーという、何も考えない服装だったのに、突然ミニスカートにパンプス、帽子、メイクまでばっちりする気合いの入れようなのだ。そんなスンニを見て、ラークやデイジーは「朝からそんな格好をするなんて、娼婦みたい」とからかったりした。ミアは、その女友達は誰なの、名前を教えて、一度家に連れて来なさいなどと言うのだが、その都度、スンニは機嫌を悪くし、答えなかった。またスンニはこの頃から、以前にも増して、ミアに攻撃的な態度を取るようになった。いつも冷たく、会話を嫌い、他人がいる前でも反抗的な態度を取るのだ。ティーンエイジャーにはありがちなことだと受け入れようとしつつ、ミアは、時折、ウディに、「スンニが大学に入って家を出たら私とスンニにとって良いことかも」とこぼした。ウディは、スンニからミアの言動について散々聞かされていたが、もちろんミアには話さなかった。

高校を卒業し、ニュージャージー州のドリュー大学に進学してからも、スンニは週末になるとマンハッタンに戻り、ニックスのシーズンが始まれば、ウディと一緒に試合を見に行った。学校のある平日も、ウディは頻繁にスンニに電話をかけた。スンニは学校に馴染めず、孤独を感じていたのだが、そんな話はもちろんミアにはしていない。相談相手は、ウディだけだったのだ。そんな中で、スンニとウディの関係は、大人の男女のそれへと発展する。マンハッタンに戻ってきていたある土曜日、スンニは、仕事が休みのウディを訪ねた。自分と付き合う若い女性にいつもそうするように、ウディは自分が敬愛するイングマール・ベルイマンの映画を勧め、ウディの試写室で「第七の封印」を見ることになった。アメリカ育ちの女子大生にとって、時代物の外国語映画が心から面白いと思えるものだったかどうかはわからないが、スンニは真剣に見て、映画が終わった後も、ウディが細かな解説をするのを黙って聞いていた。そんなスンニがあまりにも健気《けなげ》で、ウディはつい、顔を引き寄せ、キスをした。するとスンニは、「いつになったら行動に起こしてくれるのかと思っていたのよ」と言ったのだ。スンニの思わぬ反応に、ウディは、「行動に起こすだって？　待ってくれ。私はまだ一応、君のお母さんと付き合っているんだよ。私たちは今どんなところに入り込もうとしているのか」と動揺したが、走り出したら、もう止まらなかった。

だが、その頃の二人は、これが永遠の愛に繋がるとは思ってもいなかった。スンニはそのうち大学で同年代の男の子と出会い、普通の恋愛をするのだとウディは言い、スンニも漠然とそう思っていたのだ。秘密の火遊びであるだけに、その情事は、二人にとって、刺激的で新鮮だった。だからこそ、ある日、いつものようにウディのベッドに横になっていた時、ポラロイドカメラにふと目が留まると、危険な思いつきが浮かんだのである。それは、新製品と呼ばれる物にまったく興味のないウディに、誰かがプレゼントした物だった。贈り主は「これは本当に簡単だから、あなたでも使えますよ」と言ったが、ウディは自分には扱えないからと、放っておいたものだ。だが、スンニはすぐに使い方を理解し、ウディに教え、そして、ウディがカメラマンに、スンニがモデルになった。ウディは、それらの写真を誰にも見られないよう引き出しにしまったが、何枚かは、撮影に夢中になるうち、うっかり暖炉の上に置きっぱなしにしてしまった。それが、よりにもよってミアに発見されてしまうのである。

ウディがモーゼスとディランの正式な父親になってまもない一九九二年一月十三日、ミアは、サチェルを連れて、ウディの家を訪れた。この日は、撮影中の「夫たち、妻たち」でミアの出番がない日で、ミアは、サチェルのために子供の心理カウンセリングの予約を入れていたのだ。カウンセリング好きなウディは、まだ幼いディランとサチェルにも、定期的にカウンセリングを受けさせていた。ディランは空想と現実をごっちゃにしがちなこと、サチェルは白雪姫やシンデレラに憧れたり、女の子の服に興味を持ったりすることを、ウディが心配したからだ。ウディは仕事で留守だったため、ミアは、玄関の傘立ての下に隠してある鍵で家に入った。カウンセラーがやってくると、サチェルとカウンセラーは別の部屋に入り、ミアはリビングルームで終わるのを待った。本を読みながら時間を潰しているうち、ミアがそこにいると知っているウディから電話がかかってきた。電話を終え、受話器を置いたミアは、ふと、暖炉の上に目をやった。そこにはティッシュの箱があり、下から何かが覗いている。気になって、手を伸ばし、目に入った途端、ミアは凍りついた。

それは六枚のポラロイド写真で、その全部に性器と、女性の顔が写っていたのだ。その顔は、紛れもなくスンニだった。

震える手でミアは再び受話器を取り、「緊急の用事」と言って、仕事場にいるウディを呼び出した。折り返しウディから電話があると、ミアは、「写真を見たわ。もう近寄らないで」と叫び、一方的に電話を切った。次に自宅に電話をし、まだ冬休みで家にいたスンニが出ると、冷たい声で、「スンニ……」とだけ言った。それを聞いて、スンニはすぐに、ウディとの関係がばれたのだと悟った。ようやくサチェルがカウンセリングを終え、部屋から出てくると、ミアは写真を全部ポケットに入れ、急いでサチェルにコートを着せて、セントラルパークを横切って自分の家に帰った。家で最初にサーシャと顔を合わせると、ミアは「ウディがスンニとやっていたの。すぐアンドレに電話をして」と言いつけた。次にスンニの部屋に行き、ウディとの関係を問い詰めた。スンニが否定すると、ミアは「これがあるのよ」と写真を突きつけ、スンニを殴った。そして自分の部屋に入り、死ぬほど泣いた。泣いても、泣いても、涙が出てきた。アンドレと話したくて電話をするが、何度かけても出ない。そうしていると、慌ててウディが駆けつけてきた。ミアの部屋に入ってきたウディは、「私はスンニを愛しているんだ。結婚するつもりだ」と言ったかと思うと、「いや、私が愛しているのは君だ。これをきっかけに、愛をより深めよう」と言ったりして、支離滅裂だった。ひたすら弁明する中では、「私はスンニに自信をつけてあげたんだ」「悪かった。自分を抑制すべきだった。もうやめるから」など、矛盾していることを言った。この十二年、ミアがずっと聞きたかった、「近い将来、君との結婚も視野に入れている」ということも口にした。

そこへようやくアンドレから折り返し電話がかかってきた。ウディが「お願いだから、アンドレにはこのことを話さないでくれ」と言うのを無視し、ミアは、「ウディがスンニとやっていたの」とアンドレに伝えた。衝撃を受けたアンドレは、すぐそばにウディがいると知ると、「出ていけ！」と叫んだ。それでもウディは出ていかないどころか、堂々と子供たちと一緒に夕食のテーブルについた。サーシャは歳のいったきょうだいには何があったのかすでに伝えていたのだが、ウディはあくまで平気を装い、あまりの気まずさに、子供たちは次々にお皿を持って自分たちの部屋に下がった。残ったのは、まだ小さなディランとサチェルだけだ。しかし、まだ四歳のサチェルも大人の会話に耳を傾けていて、その後しばらくベビーシッターに「パパがスンニとやっている」と言うようになった。

それからの毎日を、ミアは、泣いて、叫んで、昼も夜も、ウディにヒステリックな電話をかけて過ごした。受話器に向かって、ミアは何度も死んでやると言った。実際、ウディ宛ての遺書まで書いたことがある。その夜、ミアは、いつものように泣きすぎて眠れず、医師に処方してもらった精神安定剤を飲んだものの、逆に気持ちが昂《たかぶ》ってしまい、その状態のままウディのペントハウスに乗り込んだ。ところがウディは仕事で不在だったので、ミアはその部屋でウディに向けて、「私が飛び降りたのは、あなたが私の子供たちにしたことのせいよ」と遺書を書き、テラスから飛び降りようとしたのである。だが、あと一歩のところで、子供たちのことを思い出し、とどまった。こんな状態のミアを見て、ウディは、ミアの普段からの主治医と、精神科医の両方に連絡し、ミアを入院させてくれと強く頼んだが、医師らがそのことをミアに伝えたため、さらにミアを怒らせることになった。ミアが感情的になって電話をしてくる時の内容はとても子供に聞かせられるものではなく、ウディはしばしば「近くに子供がいるんだろう?」と窘《たしな》めた。たとえば、後に「ニューヨーク・ポスト」紙にリークした電話の会話で、ミアは、「あなたは変わったわ。あなたはもう年寄り。勃たせるためには小さな女の子じゃないとダメなのね。私じゃ勃たないの。そういうことなのよ」と言っている。写真発覚からちょうど一カ月後のバレンタインデーには、ミアからとても手の込んだカードがウディに届いた。それは大きなハート型のカードで、真ん中にミアと、スンニ以外の子供たちが並んだ写真があり、子供たちの胸には、それぞれに針が突き刺さっていた。ミアの胸にはステーキナイフが刺され、ナイフの柄にスンニの写真がついていて、「大切なあなたへ」とのメッセージが書かれていた。それを見て、ウディは背筋が凍った。

その間、スンニはウディに連絡することを一切許されなかった。ミアがウディとの電話で「スンニは自分がしたことを後悔していて、自殺すると言っている」と話すのを聞いただけに、なんとしてもウディにそのことを否定したかったのだが、家に閉じ込められ、家の電話を使わせてもらえないとなると、他に連絡の手段はなかったのだ。しかし、同じフロアに住む精神科医が、スンニをコロンビア大学の精神科医に診てもらうのはどうかと勧めてくれたおかげで、スンニはやっと外に出ることができた。ミアが自分を誰かに尾行させているのではないかと恐れたが、スンニは、その医師との予約がある日、無事、公衆電話からウディに電話をかけることができた。その電話で、スンニは、「自殺なんかしないから。それに、自分がしたことは何も後悔していない」と言い、ウディを安心させた。

そんな中で、ミアは、スンニ以外の子供たちに向けて、次のような手紙を書いている。

親愛なる子供たちへ。私たちの家族に対して残虐行為がなされました。これを理解することは不可能です。私が、苦悩、混乱、怒りを、わが子たちに隠さないことを、知っていますよね。ですが、今は、あなたたちと話し合って、もっと深く考える必要を感じています。この出来事によって自分たちを貶《おとし》めてはいけません。ここから何かを学び、より強くなる方法を見つけなければなりません。いけないことをしたら、不幸な結果が待っているということを、私たちは、目の前で見ました。私たちは、他人への敬意と責任を持って前に進まなければいけません。私がスンニを愛しているのは知っているでしょう。私は、あなたたちに、揺るぎない愛を持っているのです。この辛さの中で、私たちは自分たちを定義することができました。苦しんだからこそ、今までと違う方向から物事を見られるようになったのです。それが消えることのないよう、しっかりとつかんでおきましょう。今をより豊かにするため、そして未来を築くために、この経験を使いましょう。

それからしばらくして、今度はモーゼスがウディに手紙を書いた。

あなたと一緒に住むよう、強制することはできません。あなたは、前にあった信頼関係を望んでいるのでしょうが、そういう価値のあるものを、もうあなたが持つことはできません。あなたが、恐ろしい、許せない、貪欲な、醜い、愚かなことをしたからです。あなたが自分のしたことを許さないことを願います。恥ずかしくて自殺することを願います。これは自業自得。僕たちは何も悪いことをしていません。自分の息子の姉と関係を持つべきではないと、誰もが知っています。そこには、あの姉も含まれます。なのに、あなたは、あの姉ならばやっていいだろうと思ったのですね。不幸なことに、スンニはそれまでちゃんと付き合った人がいなかったので、「真剣な交際がどんなものか知るチャンスだ」と思ったのでしょう。僕はもうあなたを自分の父とは思っていません。自分に父親がいるのは、素敵なことでした。あなたは、一打撃にして僕の夢を、壊したのです。

自分の息子の夢を壊したことを誇らしく思っていらっしゃることを願います。

ポラロイド写真発覚以来、「夫たち、妻たち」の撮影は、数日間、中断されていた。ミアが現場に戻ることを拒否したからである。ようやくプロデューサーらに説き伏せられ、最終的にミアは残りのシーンをこなしたが、現実で起こっていることとあまりに似ている映画を撮るのは、相当苦痛だったはずだ。この映画でウディとミアが演じるのは、長年連れ添った夫婦、ゲイブとジュディ。だが、子供を作るかどうかで揉めたことも影響し、二人の関係は冷めてきている。そんな中、大学教授のゲイブは、教え子の女学生レインに心を惹かれるようになる。レインもゲイブに好意を持ち、自分の二十一歳の誕生日パーティに招待し、その夜、彼に関係を迫る。現実のウディと違い、ゲイブはそこで踏みとどまるのだが、レインの年齢は偶然にも、写真が発覚したときのスンニと同じだ。脚本を書いた時、そんな妄想と願望がウディの中にあったのかと、想像せずにいられない。

だからこそ、ウディの広報担当は、この映画の内容とウディのゴシップが外に漏れるのを絶対に阻止しようとしたのだ。ウディとミアに何が起こったのかを知っているごく一部の人は秘密を守ると誓わされ、脚本が外に出ないよう、いつも以上に厳しくチェックされた。それでも、「ウディとミアに何かあったのでは」という噂はまことしやかに流れ、「ミアの娘が関係しているのでは」との憶測も出た。しかし、その範囲を出ることはなく、真実は誰も知らなかった。

それには、ウディとミアが、表向きにはまだカップルとして振る舞っていたことも関係していた。意外なことに、こういう状況にあっても、二人はレストランに食事に行ったり、カーライル・ホテルに泊まったりしているのだ。ウディのことが憎くてたまらない一方、ミアはまだ彼への思いを断ち切れずにいたのである。外でデートをしたのは、子供たちに、自分にまだ未練があるのを知られて混乱させたくなかったというのもあった。ウディもまた、ミアをなんとかなだめて、この騒ぎをなかったことにしたいと思っていた。だからウディはそれまで以上にミアにベタベタし、花束を持って家を訪れるなど、できるかぎり優しく接したのだ。しかし、これらのデートは、決して以前と同じようにはならなかった。ホテルに泊まった時、ウディはミアが窓から飛び降りるのではないかと恐れ、食事をしている時にはミアが自分のワインに毒を入れたのではと疑った。おかげで、コネチカットの家に行く時にも、ウディは必ず自分の食べ物と飲み物を持参するようになっている。

この状況でも、ウディがコネチカットの家に行ったのは、勇気があることだ。まさに敵の陣地に一人で乗り込むようなものだが、ウディはディランとサチェルに会いたかったし、ミアとの関係修復も諦めていなかったのだ。ウディが家に入って来られないよう、ミアは何度か鍵を替えたが、結局、いつも受け入れている。ウディが寝るのはもちろんミアの寝室ではなく、そこから遠い客室だ。それは仕方のないこととして、人々の視線がとにかく冷たかった。家政婦兼ベビーシッターや、子供たちのフランス語の家庭教師も、苦しむミアを間近に見て同情していた。モーゼスに庭でキャッチボールをしようと誘っても、モーゼスはミアがどう思うかを気にして、十分もしないうちにやめてしまった。ミアが子供たちへの手紙に書いたように、家族はミアのために団結するべきだと使命を感じていたのだ。庭で激しい言い合いをしたこともあった。興奮したミアが、拳をウディの胸に突きつけたこともある。そういったいがみ合いはできるだけ見られないよう気を遣ったが、それでも子供たちは二人の間に流れる空気を敏感に嗅ぎ取った。

ポラロイド写真発覚から数カ月経っても、ミアは、使用人にその存在を話さなかった。「ウディがとてつもなくひどいことをした」と語るにとどめ、具体的にそれが何なのかを話すのは控えていたのだ。家政婦兼ベビーシッターの一人で女子大生のクリスティ・グロティキがウディとスンニの関係をミアから聞かされたのは、六月に入ってからのことだ。クリスティはミアに、「今後、ウディが家に来たら、必ず目を光らせてね。ウディのディランに対する行動に疑いを持っているの」と頼まれた。そう言われても、クリスティは、正直、ピンとこなかった。ウディがディランを可愛がっているのは明らかだったが、不適切なことをするのを見たことはなかったからだ。ミアはまた、ウディがクリスティに優しく接し、クリスティも愛想良くするのを見て、「あなたも気をつけて。ウディはあなたも狙っているわよ。次はあなたよ」とも言った。それからしばらくした七月四日の祝日、奇妙なことが起こった。ウディがコネチカットの家に行くと、普通ならディランは「パパ！」と飛んでくるのに、この日はトイレに籠って出てこなかったのだ。心配したクリスティが、ハンガーを使って鍵をこじ開け、無理やり中に入ると、ディランはとくに体調が悪い様子でもなく、あっさりと出てきた。その後も、ディランは、ウディが来ると、頭が痛いと言いだしたり、ハンモックに寝たきりになったりするようになった。「私を隠して！」と逃げ回ったこともある。これらの行動について、ミアは後に、ディランがウディを恐れていることの証拠だと語ることになる。

それでも、ウディとミアの仕事上の関係は、変わらずに続いていた。ウディは、次の映画「マンハッタン殺人ミステリー」（一九九三）の主演をミアにやってもらうと決めており、ミアも出るつもりでいた。自分の娘と寝た男と毎日一緒に仕事をするなど、普通ならば到底考えられないことだが、ミアにとってウディの映画は唯一の生活の糧《かて》である。十二年もの間、ウディの映画のために他の仕事を全部断ってきたミアが、今、ウディの仕事を断ち切ることは、子供たちとの生活の基盤が大きく揺らぐことを意味した。しかも、こんなことになるとは思わず、ミアは新たに養子縁組を進めていて、アメリカ国内からイザイアという名の薬物依存症の母親から生まれた黒人の男の赤ちゃんと、ベトナムからタムという名のおよそ十一歳の盲目の女の子を引き取ったばかりだったのだ。ポラロイド写真発覚より少し前には、やはりベトナムから推定六歳の男の子を引き取ろうとしたこともあった。しかし、障がいの度が高すぎて、一度家に連れてきたものの諦めている。サンジェイという名のこの子は、脚に感覚がなく、腕が常に震えていて、叫んだり、笑ったりはしても、言葉をしゃべることができなかった。専門医に診てもらうと、稀なタイプの脳性麻痺で、知能は生後十八カ月のレベルだという。ウディはこの子を絶対引き取るべきではないと強く主張し、ミアも、さすがに自分の手には負えないと認め、五日後、サンジェイは、アメリカ国内で、同じような障がいがある子供を待ち受けている家族のもとに行った。それでも、自分が連れてきた子供を手放したことに、ミアは深い罪悪感を覚えた。

一方で、スンニはすっかり家族と疎遠になっていた。ポラロイド写真発覚で、アンドレが今後一切スンニの学費は払わないと言ったため、一時は大学を辞めなければいけないかもしれないという不安に悩まされたが、ウディが代わりに払ってくれたおかげで、新学期には無事、戻ることができた。もちろんミアには秘密ながら、ウディは金曜日になると、大学のあるニュージャージーまでリムジンを寄越し、スンニはこっそりとマンハッタンに戻っている。一方で家族は、複雑な思いを抱えつつも、今は距離を取るのがいいと思っていた。それもあって、スンニは夏休みにメイン州でキャンプのカウンセラーとしてアルバイトをすることにしたのだ。その間、ウディは、ミアと数人の子供たちを連れて、仕事がてらヨーロッパを旅行した。しかし、旅行先からも、ウディは、時間を見つけてはこっそりとスンニに国際電話をかけており、そのせいで、スンニはアルバイトをクビになったのである。スンニにミスター・サイモンという年配の男性から一日に八回ほども電話がかかってきて、その都度、長い時間席を外すという理由を、スンニの雇い主が手紙でミアに報告したため、この事実は家族にばれてしまったのだ。最初こそ、ウディは自分がミスター・サイモンであることを否定したが、やがて認め、「スンニがお金に不自由していないか確認したかった」と言い訳をした。スンニにはもう連絡を取らないという約束をウディが破っていたことに、ミアはまたもやりきれない気分になり、ウディへの燃える憎悪と、断ち切れない未練との間で苦しんだ。

そうして二人はあいかわらず、お互いを責め、怒鳴り合い、ミアが泣くということを繰り返した。そんな中で、あのポラロイド写真のことも、何度となく話題に出た。ウディは「写真を返して欲しい」「一緒に燃やそう」と懇願したのだが、ミアは一向に聞き入れなかった。あの六枚の写真は、ミアが弁護士を通じて金庫に保管していて、そこから絶対出さないとミアは言い張ったのだ。もし焼却してしまったら、ウディはなかったことにしてしまうだろうと思ったのである。しかし、あの写真は、金庫の中だけでなく、ミアの頭の中にも常にあった。ミアは、その存在を知るごく親しい人たちに、「ウディとスンニは私に見つけて欲しくて、わざと写真をあそこに置いておいたのかしら」と何度か言っている。もちろん、そんなわけはない。この展開は、ウディとスンニが決して望まなかったことなのだ。

ウディは回顧録に、「ナポレオンの背がもう少し高ければヨーロッパの歴史は変わっていたかもしれないと言われるが、もし私の背が、暖炉の上を見下ろせるくらい、あと一、二インチ高かったら、ナポレオン戦争のようなことがマンハッタンで起きるのは避けられたかもしれない」と書いている。暖炉の上はちょうどウディにとって目の高さなので、そこに写真があることにウディは気づかなかったのだ。もしかしたら家政婦には見られていたかもしれないが、フランス人だからたいして気にしなかっただろうとも、ウディは書いている。たしかに、ミアが発見した時、写真がティッシュの箱の下に重なっていたという状況を考えると、フランス人の家政婦は、散らばっている写真を見てびっくりし、人の目に触れないよう隠してくれたのだろう。しかし、運命の女神はウディとスンニには味方をせず、家政婦の気遣いは無駄になった。そして、マンハッタンにおけるナポレオン戦争が始まってしまうのだ。

第五章　八月四日とマスコミの大騒ぎ

ポラロイド写真発覚から半年が経ち、夏が訪れる頃、ウディとミアは、どちらも関係の修復は難しいと認めるようになっていた。表面上は仲の良いカップルを装い、ウディは以前と同じようにミアの家を訪れていたが、水面下ではそれぞれの弁護士を通じて破局の条件を話し合い、ほぼ合意に至っていた。その中には、モーゼス、ディラン、サチェルの養育費としてウディがミアに毎月六千ドルを払うこと、ポラロイド写真の存在およびウディとスンニの関係については一切語らないこと、ミアはこれからもウディの映画に出演すること、家族としての交流は継続され、旅行もできるという条件が入っていた。

だが、翌週にもこの書類に二人が署名することになっていた一九九二年八月四日、すべてを覆《くつがえ》す事件が起こった。いや、事件が「起こった」というのはミアの言い分で、ウディはその後もずっと「起こったことにされた」と主張し続けるものだ。

弁護士からの勧めもあって、この日、ウディは、ミアと子供たちに会うため、コネチカットの家を訪ねた。暑い夏の一日で、ミアの親友ケイシー・パスカルと彼女の三人の子供、そのベビーシッターであるアリソン・スティックランドも来ており、ミアの家政婦兼ベビーシッターのクリスティ・グロティキ、子供たちのフランス語の家庭教師ソフィー・ベルジュもいて、家の中は賑やかだった。途中、ミアとケイシーは、ミアが受け入れてまもない新たな養子のタムとイザイアを連れて、二時間ほど買い物に出かけた。その間、ウディは、他のみんなと一緒にテレビを見たり、池のまわりをぶらぶらと歩いたり、どこかに電話をかけたりして過ごした。夜になると、ミアとウディは二人だけでレストランに食事に出かけ、楽しいとは言えないものの、普通に会話をした。主な話題は、ウディと子供たちの面会の取り決めと、まもなく撮影が始まろうとしていた「マンハッタン殺人ミステリー」だ。食事が終わると家に戻り、ウディは客室へ、ミアは自分の寝室へと消えた。翌朝、ウディはおもちゃ屋のカタログをディランとサチェルに渡し、「次に来る時に持ってきて欲しい物に丸をつけて」と言うと、二人はご丁寧に全部の商品に丸をつけた。そんな微笑ましいわが子の姿を見て、ウディはマンハッタンに戻った。

　自分が性虐待で警察に通報されようとしているとウディが知らされたのは、その数日後、心理カウンセラーのスーザン・コーテス医師を訪れた時のことだ。この医師はサチェルのかかりつけ医だが、両親であるウディとミアにもカウンセリングに参加してもらう必要があったため、家族全員をよく知っていた。また、ウディのディランに対する態度について不安を持つミアが、個別にウディも診て欲しいと頼んだことから、ウディは通常のカウンセラーに加え、定期的にコーテス医師にも通うようになっていた。この日も、ウディは予約をしていたので、何も考えずに訪れたのだが、コーテス医師から、「ディランへの虐待の疑いについてミアから連絡を受けた。自分は職務上、ニューヨークの警察に通報しなければならない」と言われたのだ。

ミアがコーテス医師に話したところによると、八月四日、ミアとケイシーが買い物に出かけコネチカットの家を留守にしている間、ウディがテレビのある部屋でディランの膝に顔を埋《うず》めていたのを、ケイシーのベビーシッター、アリソンが目撃した。ディランはぼーっとした顔でテレビを見つめており、そこに異常なものを感じたアリソンは、翌日、雇い主であるケイシーに報告した。ケイシーから電話でそのことを聞くと、ミアは、前日、なぜかディランがサンドレスの下に下着をつけていなかったことを思い出し、不安になった。それでディラン本人に問いただすと、ディランはおかしなことをされたと言い、ウディの息遣いが激しかった、立ち上がろうとすると押さえつけられて性器を触られたと答えた。その後、ウディは自分を屋根裏部屋に連れていき、もっと体を触ったのだと言った。その間、ウディは「動かないで。じっとしていてくれたらパリに連れていってあげる。自分の映画に出してあげる」と言ったとディランは語った。ショックを受けたミアはただちにコーテス医師と、ディランのかかりつけの心理カウンセラーであるナンシー・シュルツ医師、弁護士のエレノア・アルターに電話をした。

弁護士からディランを医者に診せるように言われると、ミアはすぐにディランを連れて近くの小児科を訪れた。だが、医師がディランに「ウディはどこを触ったの？」と聞くと、ディランは、もじもじした挙句、ようやく「肩」と答えるだけだった。それ以上何も言わなかったので、ミアとディランはそのまま帰ったが、ミアが車の中で、「どちらが本当なの？　ママに言ったこと？　それともお医者さんに言ったこと？」と聞くと、ディランは「知らない人に〝あそこ〟の話はしたくない」と言った。そんなディランを、ミアは、「あなたが本当のことを話すのは、パパのためになるのよ」と説得し、翌日もう一度同じ医師に診てもらいにいった。すると今度はミアに語ったのと同じ話をしたのだ。それが八月六日のことである。三日後には、性的暴行の痕跡があるかを、ディランが痛がらないよう、麻酔をかけて検査してもらった。結果は「暴行の痕跡はない」というものだったが、不安を拭えないミアは、次にディランを連れてニューヨークにある病院を訪れた。しかし、ディランは再び検査を受けることを泣いて嫌がり、しかも病院は「麻酔なしで検査する」と言うので、諦めて帰ることになった。

　ミアはまた、ディランの証言をビデオカメラで撮影していた。そのビデオ映像は、ちょっと回しては停止し、また始まっては停止、というのが繰り返されるもので、場所はミアのベッドの上だったり、庭の椅子だったりと、何度か変わった。ビデオの中で、ミアは、「パパはあなたをどこに連れていったの？」「あなたはどこを触られたの？」と聞き、ディランは、「屋根裏」「ここ」と、性器のあたりを指した。屋根裏に行ったのは、父と娘だけの時間を過ごそうと言われたからだともディランは言っている。「パパはあなたの下着を脱がせたの？」とミアが聞くと、「ノー」と否定し、最初からはいていなかったのだと言ったが、「あそこ」を触られたのは「すごく嫌だった」「あんなことされたくなかった」とはっきりと訴えた。

　警察の捜査が公になる前の八月十三日、それぞれの弁護士は、この事態を内々に解決するため、密かな話し合いを持った。ここでミア側は、ウディが七百万ドルを払えば被害届を取り下げるという条件を出した（このお金について、ミアの弁護士は後に、話し合ったのは養育費についてであり、ミアとウディの接触回数を減らせるよう、まとめて支払ってもらうことを提案したにすぎないと主張している）。この要求に、ウディとウディの弁護士は激怒。ならば自分は、堂々と警察の捜査に協力してやると言って要求を跳ねつけ、その日のうちに、モーゼス、ディラン、サチェルの親権をミアから奪うための訴訟を、ニューヨークの裁判所に起こした。ミアは精神が不安定で、薬を服用しており、親としての責任が果たせる状態にない、だから自分が引き取る、というのがウディの主張である。

子供たちに関心がないウディが本気でこの三人を一人で育てたいと思ったとは、とても信じがたい。しかも、モーゼスは十四歳になっていたが、ディランは七歳、サチェルは四歳で、手がかかる年齢だ。これはまぎれもなく、そちらがそう出るならこちらはこう出てやる、という応戦だ。自分が警察に捜査されることから世間の目をそらせる思惑もあった。自分は悪くない、おかしいのはミアだと、世間を説得しようとしたのだ。どちらも、失うものは大きい。親として不適格だと判断され、親権争いで負ければ、ミアは、三人の子供をウディに奪われてしまうだけでなく、ウディが興味を持たないタムとイザイアは、おそらく養護施設に送られてしまう。

一方でウディは、起訴されて有罪判決が出れば刑務所入りとなり、これまでの華やかな人生も、キャリアも、すべて失う。

ニューヨークのセレブリティカップルが繰り広げる、この泥沼の争いに、マスコミは大喜びで飛びついた。ウディが訴訟を起こした翌十四日、まず「ニューヨーク・デイリー・ニュース」紙が、ウディとミアの破局をすっぱ抜いた。追って、「ニューヨーク・ポスト」紙が、「ウディが愛するのはミアの娘」というセンセーショナルな見出しで、スンニとの関係を暴露。それを受け、十五日、ウディは、「私のスンニに対する愛は本物であり、嬉しいことに、真実である。彼女は愛らしく、頭が良く、繊細な女性。私の人生をポジティブな方に変え続けてくれる人だ」と、スンニへの愛を公言する声明を出した。その直後にコネチカットの警察が捜査を始めたことを発表すると、今度はプラザホテルに大勢の記者を集め、緊急記者会見を開いた。記者からの質問を一切受け付けず、事前に書いてきた声明を読むだけの一方的な会見で、ウディは、「ミアは、自分の復讐のために無邪気な子供を操るという、不道徳で残酷なことをやっている」「子供の親権争いで最近よく使われる手だと弁護士に言われた。時には効果のあるやり方なのだろう。だとしても、自分の子供を洗脳するとはあまりにひどい」と、ミアはディランをコーチングしているのだと主張した。さらに、「私の唯一の罪は、ミス・ファローとの恋愛関係が終わる頃に、彼女の成人した娘に恋をしたことである」と、スンニとの関係をあらためて正当化した。

一方で、ミアは沈黙を通し、コネチカットの家の前に押しかけてきたマスコミにも、家政婦兼ベビーシッターのクリスティに「ミス・ファローはご自身と家族についてマスコミのインタビューを受けることはしません。マスコミに裁判をかけられたくないからです」と言わせて対応した。しかし、その四日後には「ニューヨーク・ポスト」紙が「ミアはヌード写真を持っている」という見出しで、スンニのポラロイド写真の存在をスクープしたのだ。ミアはまた、テレビ局にディランの証言ビデオを送ったのだが、局は放映を拒否した。持ち込んだのはミア本人ではなく関係者で、それが具体的に誰だったのか、テレビ局側は明かしていない。

ウディもウディで、さらにメディアを使って身の潔白を世間に主張する作戦に出た。「タイム」誌でウディをインタビューしたのは、後にベストセラー本『スティーブ・ジョブズ』を書くことになるベテラン記者ウォルター・アイザックソンだ。その取材で、ウディはまず、「私はスンニの父でも、義理の父でもない。ミアと一緒に住んだこともない。ミアの家に泊まったことすら一度もなく、私の子供がやって来るまでは滅多に行きもしなかった。あそこの家族とディナーをともにすることもなかった。私はいかなる意味でもミアの養子の父親ではない」と、スンニとの恋愛におかしなことはないと強調した。それでも違和感を拭えない記者が突っ込むと、ウディは、「相手がミアの娘というところはちょっと変わっているかもしれない」と認めたが、続けて「スンニは養女で、もう大人。パーティとかで出会っていたとしてもおかしくないだろう」と言い、正当化しようとした。「これがママ（ミア）にバレたらママはどう思うかと、スンニと話したことはありましたか？」と記者からさらに突っ込まれると、「ママの反応は、私が秘書や別の女優と浮気をしたのと変わらなかったはずだよ」と答えている。記者が「それはないでしょう！」と言うと、「心理的にはちょっと違うかもしれないが、あくまでちょっとだ。ママは、いや、スンニはママと呼ぶこともせずミアと呼ぶのだが、私が別の女優に恋をしたのと基本的には同じ反応をしたはずだ」と、読者を唖然とさせる返答をした。

スンニとの関係がミアの他の子供たちにどんな影響を与えると思うかという問いにも、ウディは、「あの子たちは子供の集まりで、血の繫がったきょうだいではない。ミアが必死になってけしかけなければ、二秒で忘れてしまっているだろう」と、きょうだいのつながりにまるで配慮を見せていない。八月四日に起こったことについては、これまでと同様、「何も起こっていない。全く何もだ。私が屋根裏に行くことはない。ミアの家の屋根裏がどこにあるのかすら知らない。私は閉所恐怖症で有名なんだ。それに自分の娘を虐待するなんて、ありえない」と完全に否定。「ミアが撮影したディランのビデオを見ましたか？」との問いには、「ノー」と答えるだけでなく、「ミアがわざわざビデオを撮影していたのは変だと思わないかい？」と付け加え、それがやらせであると示唆した。「ミアとはまだ話すこともありますか？」との問いには、「ああ、今日だけでも五回電話をしてきたよ。そして、『マスコミを使った醜い騒動は、もうやめましょうよ』と言ってきた。それで私は、弁護士を雇い、親戚や子供まで巻き込んでディランのビデオをリークしたのはそっちだろうと返した。それでも『なんとか交渉できない？』と言うので、私は、『まずはそちらが私の汚名をすっきりと返上してくれないとダメだ』と言った。『次にディランがこの件で受けた傷を癒せるように、カウンセリングを受けさせる。そのカウンセリングは私も監視する。それができるなら、話し合えるかもしれない』とね」と答えた。「親戚や子供まで巻き込んで」というのは、一切公に発言しないミア本人に代わって、ミアの母が声明を出したり、ミアの幼なじみであるマリア・ローチが、ウディとスンニとの関係を知ったミアがいかに苦しんだかを綴ったミアの手紙を公開したり、ミアの息子マシューがメディアにミアを弁護する発言をしたことを指す。

最後に記者が「スンニとの関係は健全で対等ですか？」と聞くと、ウディは、「完全に健全だ。だが、対等であることは必要でないと思う。平等な恋愛関係がうまくいくこともあるし、不平等だからうまくいくこともある。だが、私たちの関係では、両方に同じだけの機会がある。ある側面においては、私は彼女と対等ではない。心は心が望むものを欲する。そこに理屈はない。誰かに出会って、その人に恋をする、それだけだ」と述べた。この「心は心が望むものを欲する（The heart wants what it wants）」という発言はエミリー・ディキンソンからの引用で、自分がどんな人間であるか、自分が本当に望むのは何かという事柄は、思っているよりずっと複雑だということを語るものだ。だが、この状況下でウディが言うと、相手が誰であろうと惹かれたものは仕方ないじゃないかという開き直りに取れる。この言葉は、この記事の見出しにも使われ、このスキャンダルに絡んで後々まで語り継がれるようになった。

ほぼ同じ頃には、スンニがウディの広報担当を通じ、「ニューズウィーク」誌に次のような声明を送った。

　私とウディ・アレンの関係を劇的なものにしようとしないでください。彼は私の父親的存在ではありません。私は彼と何の関係もありませんでした。自分の子供たち（サチェル）が生まれるまで、彼が私たちの家に来ることも、滅多にありませんでした。来るようになってからも、彼としゃべることはありませんでしたし、正直なところ、私は彼があまり好きではなかったのです。彼の頭は仕事のことでいっぱいで、私に話しかけてくることはありませんでした。私だけでなく、誰にでもそうでした。定期的にやってくるようになったのはディランが引き取られてきてからです。彼はディランと遊ぶためにだけ来ていました。私の父はアンドレ・プレヴィンです。父はしょっちゅう私たちに会いに来てくれました。

　私がウディと親しくなった頃、ミアとウディはもはや恋人同士ではなく、ただの友達になっていました。ウディの浮気相手が他の女優や秘書だったとしても、ミアは同じくらい怒ったと思います。ミアは常に怒りっぽい人で、子供たちはいつも彼女を恐れていました。子供たちはまだミアが必要なので、自由に意見を言うこともできません。でも、彼らには言いたいことがあります。いつか、それは表に出ると思います。ミアが私に暴力を振るったというのは本当です。証拠もあります。しかし、ミアとウディがなんとか親権争いの裁判をやめてくれることを願っています。

ウディがディランに性的虐待をしたという話は、あまりにもばかばかしくて、コメントすらしたくありません。なぜディランがそう言うのかは別の話。邪悪な話です。ミアが、ディランの告発をビデオで録画したことには驚きませんでした。目的は明らかです。でも、そのテープがテレビ局に送られたことにはショックを受けました。私とウディは素敵な関係にあります。衝撃的と感じられてしまうのは理解できますが、実はとてもシンプルな関係なのです。映画のこと、スポーツのこと、本のこと、アートのことなど、私たちは会話で成り立っているのです。ウディは物静かな人で、仕事熱心。私たちの関係がこれほど世間の興味を集めるのは、驚きですし、皮肉です。ミアは、もう養子を取るのをやめるべきです。ウディは、ミアに出会った時に、ミアにたくさん養子がいることを警告だと感じるべきでした。十一人（もうすぐ十三人になります）もの子供を、十分な愛情を与えながら一人で育てることはできないと思います。実際に養育された者が言うことを信じてください。無理です。中にはネグレクト（育児放棄）された子もいますし、虐待された子もいます。いずれにせよ、問題があるのです。ミアについての悪い話はたくさんありますが、裁判所に行く時まで取っておきます。ミアとウディの衝突が始まった時から（子供たちのために、ウディはそれを必死で避けようとしたのですが）、私は何も言わないようにしてきました。ですが、ミアが幼児虐待を持ち出してきて、妹、母親、子供たち、友達を動員して公の場で騒ぎ、さらにはディランのビデオまで表に出そうとしたからには、黙っていられなくなったのです。私は、知能の発達が遅い未成年ではありません。悪魔のような義理の父にレイプをされ、虐待されたのでもありません。私は大学で心理学を専攻する学生で、たまたまミアの元恋人を好きになってしまったのです。これがちょっと変わったことであるのは認めますが、大騒ぎするのはやめましょう。ここでの悲劇は、ミアの執念のために子供たちが苦しんでいることです。ミアが私に人生のチャンスをくれたことには、これからも感謝します。しかし、その後に起こったことは、許すことができません。

ミアの周囲にいる人間たちは、この声明はスンニ本人が書いたのではないと見た。この声明の二カ月後、「ヴァニティ・フェア」誌に出た「ミアの物語（Mia's Story）」という長い記事で、スンニの家庭教師を長く務めたオードリー・シーガーは、スンニの声明はウディが「タイム」誌で話したこととそっくりだと指摘した。この家庭教師は、この記事の中で、スンニについて、「典型的な学習障害を持つ子供で、社交的能力に欠け、世間知らず。言葉の奥にあるものを汲み取ることができず、文字通り受け止めてしまうがために、状況を誤解してしまいがち」と分析した。タイトルの通り、この記事はミアの側からウディとの争いを語るものだが、「マスコミに対して自分や家族の話はしない」という声明を貫き、ミア自身は一切発言していない。コメントをしているのは、この家庭教師の他に、親友のケイシーや、ミアの幼なじみのマリア・ローチ、その他の友人、母モーリン・オサリヴァンなどだ。

この記事で、ケイシーは、ウディのディランに対する執着は前から異様だったと語った。ディランが一人で遊びたいと思っていても、ウディがいつもディランの後ろにいて離れないというのだ。そういう光景を見るたびに、かわいがっているのは明らかながら、ここまでとなると喜んでいいのかと疑問に感じたという。ディランはウディにほぼ独占されているような状態のため、そのうちディランには声をかけづらくなったとも、ケイシーは語った。ミアの家をよく知る別の人間は、八月四日の件があった後、ディランがウディのことを「この人に私のパパであって欲しくない」と言って泣いたと証言した。「七歳の娘がそう言ったら、母親としては信頼しないわけにはいかないでしょう。ウディの言うなりになって、捜査をやめた方がずっと楽なのはわかっていても」と、その友人は語っている。また、家族の一員という匿名の人物は、ディランが「空想と現実の区別がつかない」という理由でカウンセリングを受けているという報道を否定した。その人物によると、ディランがカウンセリングに通うようになったのは、分離不安障害で保育園に行くのを嫌がるからだそうだ。

ミアの友人レオナード・ガーシュは、ウディがいつもミアに「君には才能がない。君が良い女優に見えるのは自分の映画の中だけだ。他の監督は誰も君を雇わない」と、自信をなくさせることを言っていたと証言した。他にも、ウディは日常的に些細なことでミアをバカにしていたという。記事ではまた、ウディの方がミアより圧倒的に、金、権力、人脈があることも強調された。たとえば、「ニューヨーク・ポスト」紙と「ニューヨーク・デイリー・ニュース」紙が、ミアが薬を赤ワインで流し込んで自殺を図ったとか、サチェルが三歳になるまで母乳をあげていたといった中傷記事を書くのは、「ニューヨーク・ポスト」紙の編集者ピート・ハミルと「ニューヨーク・デイリー・ニュース」紙の編集者デニス・ハミル、そしてウディの映画でずっとスチールカメラマンを務めてきたブライアン・ハミルが兄弟だからだというのだ。

さらに、この記事では、ウディは、実の子であるサチェルを全く可愛がっていないとも述べられていた。なかなか泣き止まないサチェルをウディが「このガキ」と呼んだこともあれば、サチェルに蹴られたウディがサチェルの脚を捻って、「またやったら、今度は脚をへし折ってやるからな」と言ったこともあるとのことだ。ケイシーは、「女の子が欲しかったウディにとって、サチェルは最初から望まない子供だったのです」と語っている。

この記事に激怒したウディは、人気報道番組「60ミニッツ」に出演して、自論を展開した。白いシャツにベージュのカシミアのセーター、カーキ色のパンツという姿で、自宅のリビングルームの椅子に脚を組んで座っているウディは、居心地が悪そうではあるものの、終始冷静だった。

まず、八月四日について聞かれると、「普通に考えてみてよ。ミアは怒っていて、子供たちにも私を嫌うように仕向けている。そんな時に、敵だらけのところに行って、わざわざそこで子供を虐待するなんて、ありえると思うかい？　本当に虐待したいのなら他の時にするんじゃないか？」と強く否定した。では、なぜディランはあのような証言をするのか、という問いには、「ミアにコーチングされたんだ」ときっぱりと答えた。「その数週間前、電話での喧嘩中、『あなたを苦しめる、すごく良いアイデアを思いついたのよ』と言われたんだ。私は、『何？　銃殺でもするのかい？』と答えたんだけどね。それに、ミアは何度も、本当に何度も、電話でも、直接会った時も、『あなたは私から娘を奪った。私はあなたから娘を奪ってやる』と言ってきているんだ」とも言った。それを受けて、インタビュアーが、「それはどういう意味なんでしょうか？」と聞くと、「私は、ミアの二十一歳の娘と関係を持った。だからミアは私から娘を奪ってやるというんだ。復讐として。私には娘は一人しかいない」と答えている。

ウディはまた、こんなことが起こっているのに、ミアはまだ自分の映画に出るつもりだったのだと述べ、その精神状態の異常さを強調した。「八月四日に私がディランを虐待したと責めておきながら、その数週間後には、次の映画の衣装合わせのために衣装デザイナーとアポイントを取ったと言ってきたんだよ。『撮影がもうすぐ始まるから、そろそろやっておかないと』とね。私は、『何を言っているんだ。私を虐待者扱いしておきながら、まだ私の映画に出るつもりなのか』と呆れた。その後、弁護士に頼んで彼女との契約を解除し、別の女優を雇ったよ」とも言った。映画はもちろん「マンハッタン殺人ミステリー」のことで、代わりに雇われた女優はダイアン・キートンだ（ミアは、出演しなくても自分にもギャラが支払われるべきだと訴訟を起こしている)。

最後に、この容疑で受けたイメージダウンは回復できると思うかと聞かれると、ウディは「いや、回復できるとは思わない。でも、そんなことは気にならない。街を歩いていて、誰かが、『あれ、虐待の容疑をかけられた人じゃないか？　本人は否定したけれど、本当のところはわからないよね？』と思ったとしても、私は平気だ。私が望むのは自分の子供たちに会えることだけ。明日、私の映画はもう見たくないとみんなから言われてもかまわない。もう誰にも雇ってもらえないよと言われても」と、強気の態度を見せた。番組側は、ミアからも話を聞きたいとインタビューを依頼したが、ここでもミアは信念を貫き、出演を断った。

これだけ多くの情報が出ても、ウディとミアの戦いに世間が飽きることはなかった。ニーズに応えよう、いや、もっと本音で言うならばこのスキャンダルを利用して部数や視聴率を稼ごうと、マスコミはウディとミアを終始追いかけた。ウディの自宅の前はもちろん、毎週月曜日にはウディがジャズを演奏するマイケルズ・パブの前にもカメラマンやレポーターは押し寄せた。ミアの家も同様だ。ディランの写真を撮られないよう、ディランを外に連れ出す用がある時、ミアは毛布でディランを包んで地下の出口からこっそりと出た。他の子供たちも、家を出たり入ったりするたびにレポーターからマイクを突きつけられた。子供たちがあえてその機会を使い、マスコミに向かって母を弁護するコメントをしたこともあった。たとえば、フレッチャーは、「彼（ウディ）の目的は（虐待疑惑から）気をそらせること。僕の母に母親としての資格がないというなんて、バカげています。彼は必死なんですよ。すごく恥ずかしい状況に置かれてしまったから、スンニを愛していると言い出したにすぎません」と言った。

ウディとミアの出会いの場所であるレストラン、イレーンズにも、レポーターは押しかけた。オーナーのイレーン・カウフマンは、「ウディとスンニの関係は、ミアとフランク・シナトラの関係と変わらない。年齢差は同じくらいよ。本人たちが幸せならそれでいいじゃない」と、テレビカメラに向かって長年の常連の肩を持つ発言をした。

フィーバーが頂点に達したのは、ウディと子供たちとの当面の面会について決めるため、裁判所に出廷した時である。二人ともが同じ場所に来るのは、騒動が始まって以来、初めてだったからだ。ウディはマスコミの目を避けて中に入ることができたが、ミアはそう上手くいかず、大勢のカメラマンに囲まれてしまった。フランク・シナトラと付き合っていた頃にマスコミの騒ぎを散々経験していたミアですら、ここまでの大騒ぎは初めてで、完全に圧倒された。この調停で、裁判所は、サチェルとは監視付きを条件に面会を許可したものの、ディランとの面会は禁止するとし、モーゼスはもう十四歳なので本人の判断に任せるとの判決を出した。怒ったウディは、ディランとサチェル両方を認めてくれないならサチェルにも会わなくていいと言ったが、結果的に、ウディは定期的にサチェルと監視付きの面会を行うようになった。

サチェルとの面会の場所は、ウディの家。その日が来ると、ウディはミアの家まで運転手を寄越し、サチェルはベビーシッターの一人であるクリスティに付き添われてウディのペントハウスに向かった。ウディの家に入るまで、サチェルはいつも緊張気味だったが、面会が終わって家に帰ると、「今日はパパとこの映画を見た」「こんなことをして遊んだよ」と嬉しそうに報告し、ウディの家で作った工作や、お土産に持たせてもらったクッキーなどを見せたため、ミアが不愉快になることもあった。だが、サチェルの心の内は、実はかなり複雑だった。たとえば、ある面会の日、ウディが大きなハートの中に、サチェル、ディラン、モーゼス、パパ、ママの顔と名前を描いてサチェルに見せたところ、サチェルは「パパ」と書かれた顔を黒く塗りつぶしている。家族の絆を確かめ合おうとウディがやったことは、逆にサチェルに家族の不和を思い出させることになったのだ。そんな思いを抱えていたサチェルは、それから続いていく長く辛い刑事捜査と親権裁判を乗り越えていく中で、ますます父親への嫌悪を深めていくのである。

第六章　刑事捜査と親権裁判の行方

マスコミが大騒ぎをする中、警察の捜査も進められた。ウディは捜査に全面協力し、八月なかばにも嘘発見器にかけられ、無事にパスした。九月になると、ニューヨーク州ではニューヨーク市の児童福祉局が、コネチカット州ではイェール＝ニューヘイブン病院の児童性虐待クリニックが、それぞれに調査し始めた。イェール＝ニューヘイブン病院に調査依頼をしたのは、コネチカット州警察と地方検事フランク・マコだ。九月から十一月にかけて、病院の担当チームは、ディランと九回にわたって面談をした。加えて、この担当チームは、ウディ、ミア、ベビーシッター二人、ディランとサチェルの心理カウンセラーにも会った。

ディランの面会は毎週金曜日で、一回あたり一時間だ。面談する中で、ディランは、ウディとスンニのことがあって以来「パパが嫌いになった」と言った。父と母が揉めていることを知っているディランはまた、「どうして私がこの問題を解決しないといけないの？」と不満を漏らした。別の時には、「パパには何もされていない。何も起きていない」と虐待を否定。かと思うとその発言を撤回して、調査チームを混乱させた。ミアの元夫で、ディランの兄や姉の父親であるアンドレ・プレヴィンが訪ねてきた時には、「私の新しいパパはアンドレなの」と、そうあって欲しいという願いとも取れる言葉をつぶやいた。

コネチカット警察も、関係者に聞き込みをした。家までやって来た警察の質問に答える中で、ディランは、一年前の夏、ウディの家で、ウディとスンニが性行為をするのを目撃したと明かした。ディランによると、その日、みんなで一緒にテレビを見ているうち、いつのまにかウディとスンニがいなくなった。ディランが捜しに行くと、二人はテラスで仲良く寄り添っていた。ディランに気づいた二人は、「私たちだけの時間を楽しんでいるから、出て行って」と追い出したのだが、ディランは出ていくふりをして、寝室の横の階段に隠れた。寝室のドアは少し開いていて、ディランのいるところから中が見える。それに気づかない二人は寝室に入ってベッドに横たわり、「お互いを褒めるようなことを言い、いびきみたいな音を立て、ウディはペニスをスンニの性器に入れた」のだと、ディランは話した。これについてウディは、スンニと肉体関係が始まったのは一九九一年の十二月十七日以降であり、その前にそんなことが起こるはずはないと強く否定した。

ウディとスンニの関係がいつ始まったかはかなり重要だ。ウディの養子縁組に関わるからである。結婚していないパートナーにもわが子の養子縁組をさせるという、ニューヨークにおいて前例のないことを裁判所に申請するにあたり、ミアは、ウディがすばらしい父親だという趣旨の手紙を書いた。そのおかげもあって、一九九一年十二月十七日に、この養子縁組が成立したのだ。しかし、もしその前にこの三人の子供の姉であるスンニとウディが肉体関係にあったとわかっていたら、ミアが養子縁組を許すはずはない。それはつまりミアが騙されたということになり、養子縁組の無効を裁判所に申し立てることができるのである。そのことを意識して、この騒動が始まって以来、ウディとスンニは、スンニが二十一歳だった一九九一年十二月からと主張するようになった。だが、ポラロイド写真が発覚した直後にスンニに問いただした時、スンニはミアに、高校の最後の年にはすでに肉体関係があったと告白しているのだ。ウディの運転手やドアマンも、スンニがまだ高校生だった一九九一年春に、一人でウディの家に入るのを目撃しており、ウディの家政婦も、高校生だったスンニが帰った後、シーツに精液のようなシミがついていて、ゴミ箱には使用済みのコンドームがあったと証言している。ミアの親友ケイシーは、最初にスンニに聞いた時、「大学に入ったばかりの一九九一年九月だった」と答えたのを覚えている。ミアと自分がタムを引き取りにハノイに行っていた時なので、そう聞いてなるほどと思ったとケイシーは語った。しかし、裁判沙汰になってから、スンニは過去の発言を撤回し、性的関係が始まったのは一九九一年十二月だったということで通している。

コネチカット警察の捜査で、ウディは何度も聴き取りをされ、指紋や髪の毛を採取された。そのうちの一つ、一九九三年一月の三時間半に及ぶ聞き取りでは、ウディはまたもや、ミアの家の屋根裏部屋に入ったことは一度もないと述べた。だが、その後には、「子供たちを探しに行くか、飲み物を取りに入ったことはあるかもしれない」と供述を変えたりしている。警察が、「あそこに入るには、まずクローゼットに入らないといけませんよね？」と言うと、再び「入ったことはない」と供述を翻《ひるがえ》したが、あの場所でウディの指紋が発見されていると告げられると、その可能性はあるかもしれないと答えた。そんなウディの受け答えに、警察は、一貫性のなさを見た。また、昨年ウディを嘘発見器にかけたのが個人業者だったため、警察は改めて、嘘発見器にかけようとしたのだが、ウディは応じなかった。

しかし、一九九三年三月十八日、イェール＝ニューヘイブン病院の調査チームは、ウディによるディランへの性的虐待はなかったとする結果を発表した。報告書に署名をしたのは、同病院の児童虐待医療ディレクターのジョン・レヴェンタール医師。他に、もう一人の医師と、複数のソーシャルワーカーの名前が連ねられていた。その報告書には、「ディランは頭が良く、言葉が達者な七歳の子供で、時に空想のような、自分の考えではないようなことを語る」「ディランは父とスンニを失くしたことを悲しんでおり、父が自分を母から引き離すのではないかと不安を抱えている」「ディランは母の苦しみを感じている。母はディランに、(父のせいで)ディランが何を失ったのかを語り、父に対してネガティブな視点を持つように仕向けている」とある。

続いて、報告書には、「ディランはミスター・アレンから虐待を受けていないというのが、専門家である我々の意見である。ディランがビデオテープで語ったこと、また我々との面談で出た話は、一九九二年八月四日に実際に起こったことではないと信じる」と書かれている。虐待があったか、なかったかを判断をする上で、このチームは、「(一)ディランの言っていることは真実で、ウディはディランを虐待した」「(二)ディランの言っていることは真実ではなく、家族に大きな問題が起きる中、この小さな子供はストレスを受け、感情的になって作り話をした」「(三)ディランは母親からこう言いなさいと指導された」の三つの可能性について検証することにした。結果として、チームは、(二)と(三)の組み合わせだろうと考えた。その理由として、(一)(ミアが撮影した)告発ビデオテープや調査チームとの面談で、ディランの発言に一貫性がない、(二)触られたことについて言い渋る、(三)ディランが何かを語る時、それは自発的ではなく、先に話すことを決められていて、リハーサルをしていたような感じがある、(四)問題の日についての詳細が不自然で一貫性がない、ということが挙げられていた。

この結論を聞いて、ミアは激怒した。ディランはこのチームに所属する人たちから面談を受けたものの、調査の代表者で、この報告書に署名をしたレヴェンタール医師に会ったことは一度もないのだ。フランク・マコ検事も衝撃を覚えた。マコ検事がイェール＝ニューヘイブン病院に依頼したのは、ディランが裁判で供述できるような状態にあるかどうかを判断してもらうことだったのである。それなのに、いわば無罪判決と思えることを不意打ちでやられてしまったのだ。マコ検事は、イェール＝ニューヘイブン病院は「事件を勝手に奪って走り去っていった。この結果は重視しない」と、ウディに対する捜査を続ける姿勢を強く示した。

さらに、この少し前には、ニューヨークの児童福祉局でこの件を担当したポール・ウィリアムズという職員が、「虐待はなかった」と結論づけるよう、上から頻繁に圧力をかけられたと、「ニューヨーク・オブザーバー」紙に暴露した。ニューヨーク市長までもが圧力をかけてきたが、依然として取り調べを続けたせいで、この職員は十二月に担当をはずされてしまったと述べている。当時の市長デビッド・ディンキンズは、この件に関与したことを否定している。

ウディが起こした、モーゼス、ディラン、サチェルの親権をめぐる民事裁判は、イェール゠ニューヘイブン病院が報告書を出した翌日の一九九三年三月十九日に始まった。呼び出しの連絡があったのは二時間前という、突然の展開だ。この裁判がいつ始まるのかまるで見当がつかなかったため、ミアは、以前から親しくしているマイク・ニコルズが監督する映画「ウルフ」（一九九四）の仕事を入れた。ウディの映画という、毎年確実に得られる職を失ってしまっていたところに来たありがたい話だったが、急遽、このタイミングで裁判が始まると言われ、泣く泣く諦めることになった。

裁判が行われたのはニューヨーク州最高裁判所で、判事はエリオット・ウィルク。最初に証人席に立ったのは、ウディだった。ここで、ウディは、自分が親権を要求している子供たちの日常についてほとんど知らないという事実を露呈させてしまった。子供たちのペット、友達、先生の名前も知らず、モーゼスは兄たちと同じ部屋で寝るのかと聞かれても答えられない。子供たちを着替えさせたことも、お風呂に入れたことも、散髪に連れて行ったこともないと認めた。モーゼスの学校での成績も知らない。また、自分が養子縁組したモーゼス、ディラン、実子のサチェル以外の子供にはまるで興味がないとも、はばからずに言った。

スンニとの関係については、「長期にわたる関係にするつもりはありませんでした。それに、どうせスンニと私以外は誰も知らないことだと思っていましたし」と言った。ウィルク判事が「でも、あなた自身は知っていたわけですよね？　自分が、自分の子供たちの姉と寝ているんだということを」と聞くと、ウディは、「そういうふうには考えませんでした。スンニは養女だし、ディランも同様ですから」と言い、養子と実子が混ざったミアの子供たちは、ウディと妹レッティのような本当のきょうだいとは違うのだと続けた。ウディとサチェルの関係についての追及もあった。ウディはサチェルとの関係は良好であると主張したが、サチェルを「このガキ」と呼んだことがあると認めた。ただし、サチェルの脚を捻った件に関しては、事実ではないと否定した。

八月四日の件については、「ミアは、その（八月四日）前からディランを洗脳していたのだと私は信じています。その数週間前、ミアは電話で『あなたを苦しめるすばらしい計画を思いついたの。あなたは私から娘を奪ったから、私はあなたから娘を奪ってやるわ』と言ったのです。それに（コネチカットの家の、ウディが寝る部屋に）、子供に性暴力を振るう男、という張り紙をされました。あの頃から、ミアはこの計画を立てていたのです。それは必ずしもあの日である必要はなく、ディランの洗脳を行っていたところ、ちょうど良い機会が訪れただけです」と言った。さらにウディは、「その前から、ミアは、『パパはスンニにひどいことをした。あなたも気をつけて。パパに触られたことはある？』としょっちゅう言っていたのです。ディランだけでなく他の子にもそう言うことで、みんながそれを信じるようになってしまったのです」と、大人の争いに子供を巻き込んだミアを批判した。

続いて、ミアの番がやってきた。ここでミアは、ディランが二歳半になった頃からウディはディランを性的な目で見るようになったと述べた。ウディとの関係については、「私たちは十二年か十三年も一緒にいて、実子も授かりました。私は彼を愛していました。一生この人と生きるのだと思っていました。他の男性を考えたことは一度もありません。仕事でも私たちは一緒でした」と語った。しかし、ポラロイド写真を発見するまでの半年ほど、性的な関係がなかったことは認めた。誘っても、ウディはいつも体調を理由に断ったというのだ。そんな恋人を見て、サチェルを帝王切開で産むのに立ち会わせたのが間違いだったのかと自分を責めたとミアは述べた。

八月四日の出来事については、これまで語ってきたことを繰り返した。家政婦兼ベビーシッターのクリスティは、ミアの家は毎日同じような感じでバタバタしていて、短い時間、自分の目が子供たちに届かないことがあり、この日もウディとディランがどこにいるのかわからない時間が二十分ほどあったと述べた。また、その日以来、ディランは、水着に着替える時も、お風呂に入る時も、その部分を隠すようになったともクリスティは言った。一方、ミアの弁護士に呼ばれて証言台に立った精神科医スティーブン・ハーマンは、イェール＝ニューヘイブン病院の調査のやり方を強く批判した。その一つは、調査チームが、調査員個人個人が取った調書メモをすべて破棄してしまったという事実に対してだ。ウディとディランの面会を許可するかどうかを、父娘が一緒にいる様子を見ることなく判断したのもありえないことだとこの医師は言った。ディランの話し方を「先にリハーサルをさせられているようで自発性がない」ということについても、「それは性格のせいかもしれないし、自分に起きたひどいことをこの子なりに耐えているのかもしれない」と、コーチングされているとは限らないと示唆した。ニューヨーク市の児童福祉局でウディの容疑についての調査を担当し、異動させられたポール・ウィリアムズも出廷。法廷でこそ虐待があったかどうかについては述べなかったものの、供述を終えた後、記者たちに向かって「虐待はあったと思う」と断言した。

しかし、サチェルの心理カウンセラーで、ニューヨーク警察に事件を通報したスーザン・コーテス医師は、意外にもウディに有利な証言をしたのである。コーテス医師によると、ヌード写真発覚以来、ミアは完全にパニック状態になっていた。それで、ウディに「ミアは危険な状況にあるから、コネチカットの家には行かない方がいい」とアドバイスをしていたのだと、コーテス医師は言った。〝事件〟が起きたとされる三日前の八月一日、ミアは、ウディがスンニとまだ会っていることを知って激怒し、コーテス医師に「(ウディとスンニは)悪魔だ」「やめさせる方法を見つけてやるわ」と言ったが、その直後に「私はウディと結婚するべきだと思いますか?」と聞いたとも、コーテス医師は証言した。「まさか、本気で聞いているの?」と驚かれると、ミアはそれがバカげた考えであると気づいたようだった。コーテス医師はまた、八月五日、コネチカットの家で起こったことを伝えるために電話をしてきたミアが異常に冷静で、普段の様子とまったく違うことを奇妙に感じた。ウディのディランに対する態度については、異常なほど可愛がっているのは確かだが、そこに性的なものは感じないとも述べた。

ミアの家に長く勤めたベビーシッターの一人、モニカ・トンプソンも、裁判に先立って行った宣誓供述で、ミアに不利な話を語っていた。八月四日は仕事が休みで、モニカはコネチカットの家にいなかったが、その日家にいたベビーシッターのクリスティと次に顔を合わせた時、クリスティは「ディランから自分が目を離したのは五分もなかった。ディランが（サンドレスの下に）下着をつけていなかったというのは嘘」と言ったと証言。八月五日、仕事に戻ると、モーゼスが、ミアが言っていることは事実ではないと言ってきたとも述べた。その日から二、三日かけて、ミアがビデオカメラを持ってディランに虐待を告白させる様子も、モニカは目撃した。モニカによると、ミアは、ディランがミアの望むことを言うまで辛抱強くカメラを回し続け、ディランは、興味がなさそうに、渋々相手をしていた。また二度目の診察で、やっとディランが「父に触られた」と話した後、ミアは「これで全て大丈夫」とうきうきしていたと、状況を振り返った。ミアの家では、実子はたくさんプレゼントをもらい、養子はお手伝いをさせられていたという贔屓の実態も暴露した。

体罰があったとの証言もしている。たとえば、犬の鎖が見つからなかった時、ミアはモーゼスがなくしたのだと決めつけて叩いた。他の子供たちは「鎖が無くなったこととモーゼスは関係ない」と言ったのだが、ミアは「あなたたちは口出ししないの」と無視したと、モニカは述べた。これに対し、ミアの弁護士は、年間四万ドルの給料をモニカに支払っているのはウディだったから、モニカはウディに肩入れするのだと一蹴した（クリスティもウディから給料をもらっていたが、裁判の頃からはミアが払うようになっていた。だが、ミアはウディより安い時給しか払わず、裁判とメディアに騒がれるストレスもあって、クリスティは裁判が終わる前にミアの家での仕事を辞めた。モニカは、宣誓供述をした直後に辞職。コーテス医師はウディの診察はもうしないで欲しいとミアに言われたが、サチェルのカウンセリングには両方の親が関わることが必要と主張したため、裁判が始まる前の一九九二年十一月、首を切られた）。

このように、ミアにも大きな不安材料はあったが、弁護士エレノア・アルターは、「絶対勝つから、大丈夫」と、ミアを励まし続けた。そして、六月七日、ミアは、その通り、完全勝利といえる判決を手にすることができたのだ。ウィルク判事は、ミアに単独親権を与え、ウディとディランの面会は禁止、サチェルとの面会は監視付きを条件としたのである。

判決文で、ウィルク判事は、「ミスター・アレンには、モーゼス、ディラン、サチェルの親権を持つにふさわしい、親としてのスキルが完全に欠如している。金銭面で援助をしたり、プレゼントをあげたり、本を読んであげたり、朝ご飯を一緒に食べたりすることでは、子供たちをしっかりと育て、導く能力がないことを補えるものではない」と断言。ウディのために証言をした人たちにも、親権を持つのはミアでなくウディであるべきだという証拠を示した人は一人もいなかったと指摘した。また、「子供たちがミスター・アレンを嫌うようにミス・ファローが仕向けたというのも信じ難い。たとえそうだったとしても、親権を与えるのには十分でない」と述べ、そんなウディの戦略は、「子供たちを分断し、子供たちが母親を嫌うように仕向け、使用人や家族を対立させる形で攻撃し、（家族が）そのダメージから立ち直ろうとするのを邪魔する、非常に自己中心的な行動」だとし、「正しい判断力に欠ける人物が今後も子供たちと接する際には、注意深く監視することが必要だ」と述べた。

逆に、ミアについては、「実子と養子両方に家庭を提供する、優しくて愛に満ちた母親。子供たちを差別しているという明確な証拠はない」と絶賛。ミアに親として欠点がないわけではなく、スンニがミアに対して問題を感じていたのにきちんと対応しなかった可能性はあるとしながらも、「親権を与える上で、完璧な親であることは求めない」と述べた。ディランの被害を警察に通報したのも、「それが真実だと思ったからこそ、ディランや他の子供たちがその後に経験するかもしれないことを覚悟した上でやったのだ」とし、「一九九二年八月四日以降、ミス・ファローがディランとミスター・アレンを会わせなかったのは、良識的な判断である。監視付きでサチェルとの面会を認めたのは、ミスター・アレンが親としての判断力に欠ける危険人物である一方、サチェルは父親と会う必要があるという事実を考慮した、バランスを取った行動である」と褒めた。

イェール＝ニューヘイブン病院の調査結果にも、ウィルク判事は疑問を投じている。「イェール＝ニューヘイブン病院の調査は、六カ月にわたり、小児科医ジョン・レヴェンタール、福祉の博士号を持つ医師ジュリア・ハミルトン、修士号を持つジェニファー・ソイヤーによって行われた。調査は、このチームの中で分担されたが、個々の調査記録は、報告結果が発表される前に破棄されてしまった。そこには、個々の感想や観察があったはずだ。これら個別の記録がないこと、またレヴェンタール医師以外の人がこの裁判で供述をしたがらなかったことで、私は彼らの調査について細かく検証することができなかった。よって、この報告書には削除された部分があり、信憑性《しんぴょうせい》が弱いと考える」と述べた。コーテス医師と、ディランのかかりつけ医である心理カウンセラー、ナンシー・シュルツ医師が、ウディはディランを虐待していないと証言したことについても、「この二人は性的虐待の専門家ではない。また、心理カウンセラーとして、自分が担当している患者にそのようなことが起こったとは認めたくなかったのかもしれない」と、疑問を投げかけている。その上で、「一九九二年八月四日に何が起こったかを我々が本当に知ることはないだろう。だが、ミス・ファロー、コーテス医師、レヴェンタール医師、ミスター・アレンからの信憑性ある供述を聞く限り、ミスター・アレンのディランへの行動は非常に不適切であると考える。我々は、ディランを守るための対策をしっかりと行わなければならない」とし、ウディにミアの弁護士費用全額を支払うよう命じた。その金額はこの時点ですでに百万ドルを超えていたが、この後、ウディが上訴したことで、さらに膨らんでいくことになる。

この判決が出た直後、ミアは、弁護士エレノア・アルターと共に記者会見を開き、勝利の宣言をした。二週間後には、仲間内でお祝いのパーティが開かれている。主催者は、ミアがこの頃交際していた脚本家のウィリアム・ゴールドマンの兄ジェームズ・ゴールドマンとその妻。出席者は、マシュー、フレッチャー、ラーク、デイジーなどミアの上の子供たち、弁護士エレノア・アルターの事務所のスタッフ、子供たちのフランス語の家庭教師ソフィー、家政婦兼ベビーシッターだったクリスティ、ニューヨークの児童福祉局でこの件の担当を外されたポール・ウィリアムズらだ。黒のシャツにエドウィンのジーンズというカジュアルな服装で出席したミアは、煙草を片手に出席者の間を歩き回り、ほぼ全員とグラスを合わせ、勝利の余韻に浸った。みんなからお祝いの言葉をかけられながら、判決が出てすぐ裁判所に出した、ウディとモーゼス、ディランの養子縁組を無効にする申請もきっと通るはずだと、ミアは期待に胸を膨らませていた。

親権裁判は終わっても、刑事事件の捜査は依然として続いていた。だが、ある時、フランコ・マコ検事は、コネチカット州警察のトップから、思わぬ電話を受ける。ウディ側が私立探偵を雇い、捜査班のメンバーに何かゴシップがないか調べさせようとしているというのだ。しかも、探偵の数は十人以上で、元FBI捜査官や、コネチカット警察と親しい元刑事もいるらしい。探偵たちは、ウディの弁護士らの下で動いており、個々のチームが、捜査に関わる人にドラッグやアルコールの依存症はないか、ギャンブルをやるか、女性問題はあるかなどを調べさせているようなのである。捜査班の一人がディランのビデオテープをメディアに売ろうとしているという根拠のない噂が入り、捜査が十日ほど中断したのも、ウディのチームによる作戦だと、警察は見ていた。

そのような妨害が続き、帰宅するたびに誰かに尾行されているのではないかと不安を覚える中、マコ検事の精神は憔悴していった。何より、肝心のディランが、事件について話すのを嫌がるようになったのだ。ディランをリラックスさせようと、マコ検事は、一緒に床に座り、おもちゃで遊びながら話をしたりしても、途中、少しでも八月四日のことに話を向けると、「そういうの、嫌。ここはイェール病院なの?」と、口を閉ざしてしまうのである。そんなディランを見て、マコ検事は、「この子を法廷に立たせることはできない。この子は傷ついている。癒しを必要としている」と判断した。そしてついに、その年の九月二十四日、コネチカット州は、捜査の打ち切りを決めたのだ。発表の場で、マコ検事は、虐待があった可能性はあると言及。それでも捜査を打ち切ったのは、「この子供を苦しみや不安に晒《さら》し、トラウマを与えることを危惧したためです。犯罪の捜査に子供を巻き込むことにはリスクがあり、この街の人たちがそれに賛成するとは思えません。この子と母親に相談し、同意を得て決めたことです」と説明した。その二週間後の十月七日には、ニューヨークの児童福祉局から、「信憑性のある証拠が見つからなかったことから、事件性はないと判断しました」という手紙がウディの元に届き、ニューヨーク州でもウディは起訴を免れることが決定した。表向きには、ニューヨークの児童福祉局は一年二カ月をかけて調査を行ったことになるが、イェール＝ニューヘイブン病院のような報告書は作られず、実際にどのような調査がなされたのかは明らかでない。職員のポール・ウィリアムズが告発したような、外部からの圧力があったのかも、不明のままだ。それでもウディは、「ニューヨークの児童福祉局も（イェール＝ニューヘイブン病院に）同意してくれた」と声明で勝利を宣言。「だが、私はもう一年三カ月も娘に会うことができていないのだ」とも付け加え、親権と面会権について闘い続ける姿勢を見せた。

さらにウディは、「虐待があった可能性はある」というマコ検事の言葉に憤りを抑えきれず、わざわざ記者会見まで開いている。会見の冒頭で、ウディは、「復讐に燃えたミアと、無責任で臆病者のマコ検事が手を組んだことで、子供たちが不必要に苦しめられた」と批判。捜査を打ち切ったのは勝てる見込みがないとはっきりわかったからであり、ディランを思いやってというのは面子を保つための言い訳だと断言した。無罪であると認識していながら捜査を引っ張ったのは、「セレブリティが絡む事件というのが魅力だったのか、自分とスンニの関係に不快感を持っていて罰を与えたかったのか、地元の人間であるミアを庇《かば》いたかったのか、それら全部が理由なのかもしれない」と推測。最後には、「八歳のお誕生日を祝ってあげられなくてごめんね。君にとても会いたいよ。大丈夫、悪は負ける。質《たち》の悪い警察や、注目を集めたい検事や、タブロイド紙が言うことや、嘘つき、偽善者、偏屈者よりも、私は強いのだから」とディランに父からの愛のメッセージを送り、ミアに停戦を呼びかけた。

続いてウディは、コネチカット州の二つの委員会に、マコ検事について抗議を申し立てるという行動に出た。一つは司法資格を剝奪できる委員会。もう一つは懲罰を与えたり、免職を言い渡したりできる委員会だ。起訴しない事件について検事がコメントをするのは確かに不適切なことだが、それについて不服申し立てがなされるのは非常に稀である。同時に、検事に罰が与えられることも、まずない。マコ検事も、両方の委員会から潔白とされ、二〇〇三年に引退するまで在職した。

ところで、ウディは、これら一連の騒動の中、思いがけない人から連絡を受けた。アンドレ・プレヴィンの二番目の妻でシンガーソングライターのドリー・プレヴィンだ。それまでウディと面識もなかったドリーは、ミアが虐待の場所を屋根裏部屋にしたのは自分の歌に想を得たものだろうと伝えてきた。その歌のタイトルは「With My Daddy in the Attic（屋根裏でパパと一緒）」で、歌詞に「私が落ち込んだ時、パパは屋根裏でクラリネットを演奏してくれる」とあるというのだ。ウディもクラリネットを演奏するだけに、一理あるかもしれないとは思ったが、もちろん、本当のところはわからない。

停戦への呼びかけも虚しく、ウディとミアの争いは終わらなかった。ウディは親権について二度上訴し、ミアはミアで、ウディの養子縁組を取り消そうとしている。しかし、ウディは二度とも敗訴。ミアも、経済的事情のため、途中で訴えを取り下げることになった。ミアがマンハッタンのアパートを引き払い、コネチカットの家に完全に移り住んだのも、やはり経済的な理由だ。「マンハッタン殺人ミステリー」を降板させられた後も、「ウィドウズ・ピーク」（一九九四、日本未公開）、「マイアミ・ラプソディー」（一九九四）、「レックレス／逃げきれぬ女」（一九九五、日本未公開）などの映画に出演したが、ウディの映画という年一本の確実な仕事がなくなったタイミングで家賃規制のルールが変わり、アパートの家賃が大幅に高騰したことで、決断を迫られたのである。

それでも、ミアはさらに三人の養子を迎えた。一人は、生後一カ月の、腕が不自由な黒人の女の子で、ミアはクインシーと名付けた。インドから、五、六歳の対麻痺の男の子タデウスを引き取ったのも、同じ年だ。タデウスの到着を待つ間に、ミンという名の、推定三歳の目の見えない女の子をベトナムから引き取るとも決めた。ミアは、フランク・シナトラにちなんで、この子をフランキー＝ミンと改名している。この子が、ミアが引き取った最後の養子だ。ミアが生涯で育てた子供は、実子が男子四人、養子が十人で、うち男子は三人、女子は七人である。

この間、ミアの家の中では、ウディとの暗い過去を消し去るための数々の努力がなされた。主にフレッチャーの努力により、多くの家族の写真やビデオからウディが削除され、ディランとサチェルは別の名前を名乗るようになった。ディランは結局またディランに戻ったが、サチェルはこの後ずっとミドルネームのローナンで通すようになる。

ウディに許された、監視付きでのローナンとの面会は、いつのまにか自然消滅してしまった。ローナンにとって、大嫌いな父と会うのは大きな苦痛となり、コネチカットからマンハッタンまでの一時間半のドライブ中ですら、しょっちゅう吐いたのだ。付き添い人は、その汚物を袋に入れて、「ミアが、これをあなたにとのことです」と、ウディに渡した。ローナンのそのような反応について、ウディは、母親から「この男はレイプ犯でモンスターだ」と聞かされていたら、そうなるのも当然だと思った。こうしてウディは、実子であるローナンと会わなくなってしまった。面会を禁止されたディランとは、今に至るまで一度も会えていない。父に会うか会わないかを自分で決められる年齢だったモーゼスと再会できるのも、ずっと後になってからである。

ウディとスンニは、裁判に不利にならないよう、ごたごたが起こっていた間、一緒に住むことを控えていた。しかし、すべてが終わった一九九七年十二月、晴れて結婚した。ミアが十二年間願い続けて叶わなかったことを、スンニはその半分ほどの時間でやってみせたのである。結婚式が執り行われたのはヴェネツィア。式を司ったのはヴェネツィア市長だ。出席したのは、ウディの妹レッティ・アロンソンと、昔からの友人だけだった。誰にも知られないよう、ウディとスンニは会場に別々に行ったにもかかわらず、その夜、「ニューヨーク・ポスト」紙は二人の結婚を嗅ぎつけ、二日後、パリのオテル・リッツでハネムーンを過ごす頃には、世界中の誰もが知ることになっていた。結婚という選択をしたのは、スンニに経済的保障を与えたかったからだ。自分がずっと年上であることを認識しているウディは、自分が死んだ場合、全ての財産をスンニに残せるようにしたかったのである。

結婚後、ウディとスンニは、アメリカと韓国から養女をもらいうけた。ウディはこの事実もまた自分の無実を証明するものだと主張している。子供に性的虐待を加えた人物が養子を取ることは不可能だからだ。ダイアン・キートンと付き合い始めた頃に購入したペントハウスは売却し、夫妻は今、アッパーイーストサイドの閑静なエリアにある、六階建てのタウンハウスに住んでいる。床から天井までが窓の、すばらしい眺めの家だ。二〇一八年、「ニューヨーク」誌のインタビューを自宅で受けたスンニは、テディベアのドアストップを指して、「離婚することになったら、これは私がもらうの」と冗談を言った。そのインタビューで、ウディと関係を持ったのはミアへの復讐だったのかと聞かれたスンニは、「単なる復讐だったら、二十年以上も結婚が続いているはずはないでしょう」と、きっぱり否定した。終始すっと背筋を伸ばして取材を受けるスンニを横で見ていたウディは、「この姿勢を見てよ。この姿に惚れて私は結婚したんだ」と、記者に語っている。

第七章　ディランの叫びとローナンの台頭

このスキャンダルで、もう人は誰も自分の映画を見なくなるかもしれない。そんなウディの懸念は、杞憂《きゆう》に終わった。しかも、人がすぐ忘れてくれたというのではなく、それ以前の問題だったのだ。ディランへの虐待容疑が浮上した時、「ウディ・アレンの映画は上映しない」と宣言した劇場主もいたが、それはごく一握り。親権裁判の真っ最中に行われたアカデミー賞でも、ウディは「夫たち、妻たち」（一九九二）で脚本部門に候補入りした。ジュディ・デイヴィスも、助演女優部門でノミネートを果たしている。業界は、それはそれ、これはこれで、ウディの私生活の問題と作品を分けて考えたのだ。

そしてこの後、ウディは、以前に劣らない、いや、むしろそれ以上の、キャリアを築いていくことになる。「ウディ・アレンの映画に出れば、アカデミー賞を取れる。少なくとも候補入りできる」という定評も、ますます強まった。

一九九四年の「ブロードウェイと銃弾」では、ダイアン・ウィーストが助演女優賞を受賞、ジェニファー・ティリーが同部門に、チャズ・パルミンテリが助演男優部門にノミネートされた。翌一九九五年には「誘惑のアフロディーテ」で、ミラ・ソルヴィーノが助演女優賞を受賞。一九九九年の「ギター弾きの恋」では、ショーン・ペンが主演男優部門、サマンサ・モートンが助演女優部門に候補入りした。さらに、一九九八年、ウディは、ドリームワークス・アニメーション製作の「アンツ」で声の出演をしている。子供向けのアニメにウディが出ることに、誰も違和感を覚えず、世間も素直に受け入れたのだ。ただし、アニメの声の仕事はウディの肌にまったく合わず、この後は一切やっていない。オファーをくれたジェフリー・カッツェンバーグは、「楽にお金が稼げる美味しい仕事だ」と言い、ディズニーが所有する自家用飛行機をロサンゼルスまで飛ばしてくれたのだが、レコーディングブースに拘束され、他人が書いたセリフを何度も違うやり方で言ってみせないといけないこの仕事は、ウディにとって、楽どころか、とんでもなく苦痛だったのだ。

そして、二〇〇五年、ウディのキャリアは、「マッチポイント」で新たな節目を迎えた。ニューヨークの代名詞的存在だったウディは、今作をロンドンで撮影し、以後、パリ、ローマ、バルセロナなど、ヨーロッパで映画を作っていくことになるのだ。この頃、世間は、「ウディ・アレンはニューヨークに飽きたのか？」などと騒ぎ立てたものだが、そうではない。本人も、それは取材で繰り返し否定している。ニューヨークから海外に舞台を移した理由は、ハリウッドでは莫大な資金を投じて大きく儲けられる映画ばかりを作りたがる傾向がますます強まり、「現金の入った紙袋を渡し、映画が出来るまで何も言わずにどこかに消えてくれる」会社が、見つからなくなったからにすぎない。「マッチポイント」も、最初の脚本では、舞台はニューヨークだった。そんなところへ、「ロンドンで撮影してくれるならお金を出す」と言う人間が現れたのだ。彼らは投資家で、映画のことは何も知らず、そのことを恥とも思っていなかった。そこでウディは、ニューヨークだった舞台をロンドンに移し、ハンプトンをコッツウォルズに置き換えたのだ。この映画はカンヌ映画祭で上映され、高い評価を受けた。現地のクルーも優秀で、とても楽しい体験になったことから、ウディはまたここで映画を作りたいと思い、「タロットカード殺人事件」(二〇〇六)、「ウディ・アレンの夢と犯罪」(二〇〇七)、「恋のロンドン狂騒曲」(二〇一〇)をロンドンで撮影した。

他に、パリ、ローマ、バルセロナでも撮影をした。どこに行っても、ウディはあたかも国賓のような歓迎を受けた。たとえば「ミッドナイト・イン・パリ」(二〇一一)には、ニコラ・サルコジ大統領の夫人カーラ・ブルーニが出演している。撮影開始前、サルコジ大統領からブランチに誘われた折、ウディが提案して実現したものだ。そのシーンを撮影する日には、サルコジ大統領も現場を訪れ、フランス人のクルーを騒然とさせた。この映画は観客にも愛され、ウディのキャリアで最高の世界興行収入を上げることになった。

カンヌ国際映画祭、ヴェネツィア国際映画祭にも、ウディはたびたび招待され、レッドカーペットを歩き、記者会見に出席した。カンヌの記者会見場はそもそもあまり広くないというのはあるが、ウディの会見に入りたい記者が多すぎて、全員が中に入りきれず、一部の記者は、外に設置されたモニターで見ることを強いられた。ウディの言葉はあいかわらずユーモラスで機知に富み、記者たちを笑わせた。スンニはこれらの映画祭にいつも同伴し、会見も陰で見守っていた。

二〇一一年には、ウディのキャリアを褒め称える、二部構成、合計三時間十五分のドキュメンタリーがアメリカでテレビ放映された。この番組は二時間の劇場用映画に編集し直され、日本でも二〇一二年、「映画と恋とウディ・アレン」のタイトルで公開されている。その中では、スカーレット・ヨハンソン、ペネロペ・クルス、オーウェン・ウィルソンなど大スターが、ウディとの仕事がいかにすばらしいか絶賛した。スキャンダルに触れられたのはわずか六分ほどで、あんな騒動の中でも頭を切り替えて仕事を着々とこなしてきたことに焦点が当てられていた。

一方で、ミアは、次第に映画への出演のペースが緩やかになり、二〇一一年の「ダークホース～リア獣エイブの恋～」の後、事実上引退した。他にもっと情熱を傾けられることを見つけたからだ。慈善活動である。きっかけは、二〇〇〇年、ユニセフから、ポリオ根絶のため、ナイジェリア行きを要請されたこと。九歳の時にポリオに罹《かか》った経験を持つミアには、願ってもないプロジェクトだったのだ。これを機会にユニセフ親善大使になったミアは、ユニセフのため、またアフリカの子供たちの人権を守る活動に力を入れ、たびたびアフリカを訪れるようになった。これらの活動を通して、ミアはマリアン・アンダーソン賞などの賞をもらい、二〇〇八年には、「タイム」誌の「最も影響のある人」の一人にも選ばれた。

アフリカへの旅には、たびたび息子のローナンを連れて行き、ローナンも十五歳にしてユニセフの若者向けスポークスパーソンとなった。二〇〇八年の北京オリンピックに関しても、ミアとローナンは、ダルフールの人々を苦しめるスーダン政府が中国と癒着していることを指摘し、批判キャンペーンを展開した。母子は、このオリンピックの芸術アドバイザーに決まっていたスティーブン・スピルバーグのことも「ザ・ウォールストリート・ジャーナル」紙に共同執筆した「大虐殺オリンピック」という意見記事で非難。中国の支援を受けるスーダン政府により、ダルフールで四十万人以上が虐殺され、二百五十万人以上が住むところを失ったのに、企業スポンサーや、スピルバーグのような影響力を持つ人物が目を瞑《つむ》ろうとするのは無責任だとし、ナチを正当化したドイツの映画監督の名前を引き合いに出して、「あなたは北京オリンピックのレニ・リーフェンシュタールとして歴史に名を残したいのか」とスピルバーグに問いかけた。こういったプレッシャーを受け、スピルバーグは後に芸術アドバイザーを降板した。

この記事を書いた二〇〇七年三月、ローナンは、十九歳の若さで、すでにイェール大学のロースクールに通っていた。バード・カレッジを卒業したのは史上最年少の十五歳。ロースクールを卒業したのは二十一歳だ。ロースクール在学中、ローナンは、国際難民支援会から賞を与えられ、「ニューヨーク」誌からは、その年の「新たなアクティビスト」と呼ばれた。卒業後は、オバマ政権下の国務省でNGO業務の特別アドバイザーを二年間務め、続いて国務長官ヒラリー・クリントンのアドバイザーとして、若者のための政策を担当。その職を離れた後、海を渡り、オックスフォード大学マグダレンカレッジで政治学の博士号を取得した。その間にも新聞に意見記事やエッセイを寄稿し続け、二〇一四年二月には、ケーブルニュースチャンネルMSNBCで、「ローナン・ファロー・デイリー」という、自身の報道番組が始まることになる。二十年もの間、世間が忘れていたウディのスキャンダルが蒸し返されるのは、この頃だ。

ローナンの新番組が始まる三カ月前の二〇一三年十一月、「ヴァニティ・フェア」誌に、ミアについての長い記事が掲載された。執筆したのは、スキャンダルの真っ最中に、ミア側の視点の記事「ミアの物語」を書いたモリーン・オースだ。前回と違い、今回は、ミア自身の発言もたっぷり盛り込まれている。記事は前半、ミアの慈善活動に重きを置くが、途中、ウディとのスキャンダルの時、フランク・シナトラが支えてくれたという話題も出た。ミアとシナトラは、離婚してからも親しい関係にあったというのである。一九九八年のシナトラの葬儀にも、ミアはローナンを連れて出席した。そこで記者が唐突に「ローナンはフランク・シナトラの子供だったりしますか」と聞くと、ミアは「あるかもね」と答えたのだ。その一言だけなのだが、このちょっとしたくだりは大きな話題を呼ぶことになった。

ディランが初めて公に虐待疑惑について語ったのも、この記事だ。一九九二年八月四日のことについて、ディランは「覚えていないこともたくさんあるけれど、屋根裏部屋で起きたことは覚えている。自分が何を着ていて、何を着ていなかったのかも。彼（ウディ）がいかに注意深くそれをやったのか、当時の私は気付かなかった。誰もいないところでやったのよ。彼は私の口に親指を入れてきて、私はそれが嫌だった。抱きついてくるのも」と述べた。これが家族を苦しめることになるとわかると、「自分が悪いのだ」と子供心にも罪悪感を覚え、捜査の過程では、話せば話すほど、信じてもらえないと感じたと、ディランは振り返った。それでも、一連の捜査や裁判が終わり、コネチカットに完全に引っ越してからしばらくは、平和な日々が続いたという。閑静な環境の中、ディランは、ローナン、タムと、まるで「三銃士」のように、いつも楽しく遊んでいた。しかし、高校に入ると友達ができず辛くなり、そこへタムが突然亡くなるという悲劇が起こった。そこからディランは激しい鬱に悩み、真剣に自殺を考えたりするようになる。そんなディランを支えてくれたのは、母ミアと、弟ローナン、そして、大学卒業後に出会った現在の夫だった。

ウディからの連絡は、二度あった。一度目は十九歳になった直後。コネチカットの自宅に、ロンドンの消印がある手紙が届いたのだ。その手紙には、ディランはもう十八歳以上になっているので、「私と話したければいつでもできる」「君が母から聞かされたことを正したい」とあった。ヘリコプターを寄越してもいいと書かれていた。二度目は、大学二年生の時。差出人は、ラーマンという偽名になっていた。その大きな封筒を開けると、中にはウディとディランの写真が何枚も入っていて、「私たちが一緒の写真を欲しいだろうと思った。私は今も君を自分の娘だと思っている。スンニも君を恋しがっている。父より」との手紙が同封されていた。どれも普通の写真だったのだが、ディランは恐ろしいものを感じた。

この記事をきっかけに、ウディ派とミア派の闘いが再燃した。記事が出た二カ月後の二〇一四年一月、ウディがゴールデン・グローブ賞の生涯功労賞を受賞すると、ローナンは「授賞式を見ていないんだけど、七歳だった時、この人に虐待された女性について触れていた？」とツイート。二月一日には、ディランがコラムニストのニコラス・クリストフを通じて「ニューヨーク・タイムズ」紙に公開状を寄稿した。ニコラスは、このタイミングでまた古い話を持ち出すことについて、「ウディ・アレンがゴールデン・グローブ賞の生涯功労賞を授与されたことで、賞はどんな人に与えられるべきかという論議が起こったこと」「虐待疑惑について世間は騒いだが、本人の口からはまだ何も聞いていなかったこと」を挙げた。アカデミー賞の候補が発表された直後だったことから、ディランは公開状の中で「ケイト・ブランシェット、これがあなたの子供に起こったらどう思いますか？　ルイス・C・Kは？　アレック・ボールドウィンは？　エマ・ストーン、これがあなた自身に起こったら？　スカーレット・ヨハンソン、あなただったら？　ダイアン・キートン、あなたは子供の時から私を知っているでしょう？　もう忘れたの？」と、「ブルージャスミン」（二〇一三）の出演者や、ウディを絶賛する女優らを名指しで批判。ハリウッド全体についても、「ごくわずかな人以外は、このことを見ないふりをしてきました。ほとんどの人は、『何が起こったかわからないしね』と曖昧なことを言って、何も間違っていないかのように振る舞ってきました。俳優たちは授賞式で彼を褒め称え、テレビ局は彼を番組に出演させ、批評家は雑誌で彼について書きました。それがポスターであれ、Tシャツであれ、テレビであれ、加害者の顔を見せられるたびに、私は人前でパニックを抑えるのに必死になります。そしてようやく一人になると、精神が崩壊してしまうのです」と訴えた。事件が起きた時のことについては、「ウディ・アレンは私の手を取り、家の二階にある、クローゼットのような、暗い屋根裏に連れて行きました。そこで私はうつ伏せにさせられ、おもちゃの電車で遊びなさいと言われました。そうして私は性的虐待を受けたのです。その間、彼はずっと話しかけてきました。『良い子だね、これは秘密だよ。パリに連れて行ってあげる。自分の映画の主役にしてあげる』と。私は、電車がぐるぐると回るのをひたすら見つめていました」と細かく描写し、読む人の心を揺さぶった。

これを受けて、ウディの弁護士は、ただちに反論の声明を発表。その直後にはステイシー・ネルキンが出てきて、ウディを庇った。十七歳の時、「アニー・ホール」のオーディションを受け、ウディと恋に落ち、「マンハッタン」のインスピレーションの源となった、あの少女である。五十代になったステイシーは、CNNに出演し、穏やかかつ落ち着いた口調で、しかしきっぱりと、「ウディは絶対に虐待をしていません」と言った。恋愛関係が終わってからもずっとウディと連絡を取り続けてきたステイシーは、ウディが純粋に娘としてディランを可愛がっていたと知っているからだと言う。また、裁判の真っ最中、ミア側から、「ウディと付き合った時は十五歳だったと供述してほしい」と頼まれ、断ったことも明かした。「十五歳と十七歳では全然違います。十五歳が相手だと刑務所行きです。(ディランの疑惑の前にも)ウディは未成年に手を出していたように見せたかったのでしょう。でもそれは事実と違います。それに私は自ら望んでウディと付き合いました。スンニもそうだったのだと思います」と言うステイシーは、この古い話題が今あらためて浮上したことについても、「ちょうどローナンの新番組が始まろうとしているタイミングですよね」と、宣伝目的ではないかと示唆した。

追って、モーゼスが「ピープル」誌のインタビューに応じた。モーゼスが公に何かを語ったのは、これが初めてだ。三十六歳になり、心理カウンセラーとして働くようになっていたモーゼスは、この時までにミアや、ミアの味方をするきょうだいと距離を置き、ウディ、スンニと再び近しくなっていた。このインタビューで、モーゼスは、ウディはディランに虐待はしていない、ディランはウディが好きで、ミアがそう仕向けるまで、ウディが家に来るのを楽しみにしていたのだと語った。ミアは自分にもウディを嫌うようにけしかけたため、実際、長いこと父を嫌っていた。だが、大人になって、それはミアの復讐だったと気づいた。八月四日、あの家には、「六、七人の大人がいて、ウディとディランは人の目の届かないところに行っていない」とも証言。ディランが虐待を主張していることについては、「本当にそう信じているのか、母を喜ばせようとしているのか、どちらなのかわからない。母を喜ばせたいというのは強力なモチベーション。でなければひどい仕打ちを受けるから」と述べた。

その二日後には、ウディが「ニューヨーク・タイムズ」紙に意見記事を寄稿。ここで、ウディは、自分が無実であること、それは捜査で判明していること、ミアがディランを洗脳したに違いないことをあらためて主張、「もちろん、私はディランを虐待していない。私はディランを愛している。将来、ディランが、娘を守ることより自らの怒りを重視した母に利用されたのだと気づいてくれることを願う。父を憎め、父はあなたを虐待したのだと言われることで、彼女はとても辛い思いをした。彼女を被害者にした本当の人物が誰なのかを、いつか彼女が理解してくれて、スンニ、私、そしてモーゼスと再び建設的な形でつながれることを願う」と書いた。さらに、「ついでにだが」と、ミアが「ヴァニティ・フェア」誌のインタビューで、ローナンはフランク・シナトラの子かもしれないと匂わせたことに触れている。「彼（ローナン）は私の子なのか、それともミアが匂わせたように、フランク・シナトラの子なのか？　確かに、目は青いし、顔立ちにしても、フランクの方にずっと似ている。もしそうなら、何を意味するのか？　あの親権裁判で、ミアは宣誓をしたにもかかわらず、ローナンが我々の子だとずっと嘘をついていたのか？　フランクの子でなかったとしても、その可能性があると示唆するということは、我々が付き合っている時に隠れてフランクに会っていたということだ。私が払ってきた養育費については言うまでもない。私は、フランクの子のために払ってきたのか？

ここにも、彼女が誠実ではない人生を生きてきたことが表れている」と批判。最後は「この件についてはここまで。これ以後は誰も私の側からは発言をしない。すでに十分多くの人が傷ついてしまった」と宣言して締めくくった。

しかし、この新たな騒ぎも業界人のウディへの評価に影響を与えることはなく、ウディの意見記事が出た一カ月後のアカデミー賞では、以前からの予想通り、「ブルージャスミン」のケイト・ブランシェットが主演女優賞を受賞した。ウディと仕事をしたいと望むトップスターも絶えず、次の「マジック・イン・ムーンライト」（二〇一四）にはコリン・ファースとエマ・ストーンが主演。女優になる前からウディのファンだったエマ・ストーンは、その次の「教授のおかしな妄想殺人」（二〇一五）にも出演し、ウディの新たなミューズになるかとも思われた。

そんなウディに、アマゾン・スタジオが猛烈なアプローチをかけてきた。アマゾン・スタジオは、シアトルに本拠を構えるアマゾンが、二〇一〇年、映画やテレビ番組の製作配給を行う子会社として、ロサンゼルスに設立したものだ。トップに任命されたのは、ディズニーのアニメーション部門や、コンサルティング会社に勤務した経歴を持つロイ・プライス。彼の使命は、すでにオリジナル作品を多数送り出していたネットフリックスに追いつき、追い越すことだ。この分野ではまだ駆け出しながら、資金力はあるアマゾンは、そのためにまずトップクラスのフィルムメーカーを引き込もうと決めた。最初に声をかけた相手は、スパイク・リー。彼には、アマゾン初のオリジナル映画を作ってもらったが、その次に狙ったウディ・アレンには、映画でなく、テレビドラマシリーズを手がけてもらいたいと考えた。その方が目新しくて話題になると思ったからだ。

ウディにアプローチするにあたって、ロイ・プライスは完全な自由を約束した。望むならばモノクロでもいいし、パリで撮影したいならすればいい、コメディでもいいし暗い話でもいいと言った。しかし、ウディはまるで気乗りがしなかった。ウディは、ストリーミング（配信）という言葉すら聞いたこともなければ、テレビドラマにも関心がなかったのだ。ウディにとって、テレビとは、野球とバスケットボール。時間的に合えば、著名なテレビジャーナリストのチャーリー・ローズが出ている報道番組を見るくらいだ。「ザ・ソプラノズ～哀愁のマフィア」や「MAD MEN／マッドメン」なども、面白いとは聞いたが、タイトルしか知らなかった。だが、ロイは、「三十分ものを六話作ってくれるだけでいい」と粘り、巨額なギャラを提示したのである。その条件を聞いたウディの周囲は驚き、受けないはないと言い張って、ついにウディは承諾をしてしまった。プロジェクトが発表されたのは、二〇一五年一月。ロイは「ウディ・アレンはこれまでに数々の優れた映画を作ってきました。彼にとって最初のテレビドラマシリーズを一緒に作れることは光栄です」と誇らしげに語ったが、ウディは「どうしてこんなことになったのか自分でもわからない。私はロイ・プライスを後悔させることになるだろう」と、まだ煮えきらなかった。

そのテレビドラマシリーズ「クライシス・イン・シックス・シーンズ」（日本未放映）の製作は、予想していたよりずっと大変だった。短い映画を六本作るようなものかと思っていたら、そうはいかなかったのだ。ウディは終始、受けたことを後悔したが、無駄でなかったことは、すぐに明らかになった。アマゾンは、このドラマを完成するのを待たずして、ウディが次に作ろうとしていた映画「カフェ・ソサエティ」（二〇一六）の北米配給を任せて欲しいと、またもや常識を上回る金額を提示してきたのである。それまでの七本を北米配給してきたソニー・ピクチャーズ・クラシックスとの関係は良好だったのだが、アマゾンが出してきた条件はあまりにも良くて、到底断れなかった。

そうやってアマゾンと組んだ最初の映画となった「カフェ・ソサエティ」は、カンヌ映画祭のオープニング作品に選ばれた。アマゾンは、この華やかなデビューを喜び、現地で豪華なパーティを主催。プロモーションのためのイベントは嫌いなウディも、これにはさすがに参加した。だが、このようにウディが業界でまだちやほやされることを、ローナンは快く思わなかった。カンヌでこの作品が上映された日、ローナンは、業界サイト「ザ・ハリウッド・レポーター」に、権力のある人物を野放しにするハリウッドとメディアについての意見記事を寄稿。その記事で、ローナンは、「今日のレッドカーペットでも、ウディ・アレンに虐待のことを聞く人は誰もいないのだろう」とメディアを批判、「沈黙は、間違っているだけではなく、危険。告発しても何も変わらないというメッセージを被害者に送ってしまうのだ」と、見ないふりを続けることが社会に与える害を警告した。

ローナンのそんな言葉はアマゾンにはまるで響かず、ウディとアマゾンの蜜月関係は深まっていった。次の「女と男の観覧車」(二〇一七)で、アマゾンは出資から参加。二千五百万ドルという、通常のウディの映画よりはるかに多い製作費を出した。その後に続く四本の映画もアマゾンが出資し、北米配給を担当するという契約を締結した。「現金の入った紙袋を渡し、どこかに消えてくれる」だけでなく、その袋にもっとお金を入れてくれる人たちを、ウディは見つけたのだ。その契約の一本目となったのが、「レイニーデイ・イン・ニューヨーク」（二〇一九）だ。この時、ロイ・プライスは、社員たちに対して、「アマゾン・スタジオは、ウディ・アレンの終《つい》の住処《すみか》となる」と、誇らしげに言った。

その頃、ローナンは、メジャーネットワークのNBCで、朝の番組「トゥデイ」の取材班の一員を務めていた。「ローナン・ファロー・デイリー」は視聴率が芳しくなく、静かに打ち切りとなったが、ローナンとNBCの契約が四年だったことから、「トゥデイ」へ異動になったのだ。出演はせず、裏方としてひたすら取材に徹する仕事で、ローナンは自分と同じように硬派なネタを好むプロデューサー、リッチ・マックヒューと、常に次のテーマを考えていた。「ハリウッドの暗い側面」というネタは、その中で出てきた一つである。「暗い側面」には、人種差別や、オスカーキャンペーンにはびこる汚い手口、中国とのビジネスなど、幅広いトピックが含まれ、アカデミー賞発表のタイミングを狙い、シリーズ物として放映することが決まった。

だが、取材の過程で、大物プロデューサーのハーベイ・ワインスタインを直接知る人たちに会ううちに、ローナンらは、この人物によるセクシャル・ハラスメントに関心を持つようになっていった。被害者として最初に取材に応じてくれた女優は、ツイッターで自ら発信していたローズ・マッゴーワンだ。公に告発するのは勇気がいることだが、ローズはローナンが前の年に「ザ・ハリウッド・レポーター」に書いた記事を読んでいて、この人ならば性犯罪の被害者の気持ちをわかってくれると感じ、承諾することにした。ローナンらはまた、ワインスタインが最初に創設した会社ミラマックスに勤めていた女性の証言も取ることができ、大スクープだと心を躍らせた。しかし、法務の担当者は、これは注意を要するテーマで、アカデミー賞のタイミングに合わせて焦って出すべきではないと釘を刺した。それで、ワインスタインのセクハラ疑惑はアカデミー賞前のシリーズから外されて独立させることになり、もっと時間をかけ、綿密に取材を続けていくことになった。

そんな中で会った女性の中に、一度ワインスタインから被害を受けそうになって警察に駆け込み、警察の指示で盗聴器を付け、あらためてワインスタインに接触したイタリア人女性アンブラ・グティレスがいた。この女性は、取材においてとても貴重な存在となった。アンブラは、ワインスタインにホテルの部屋に連れ込まれそうになり、「嫌だ」と拒否する状況を録音していたのだ。この他にローズが提供した証拠もあり、いよいよ放映できる準備が整ったと、ローナンは自信を持った。それでもなぜか、上司の腰は重かった。ローナンが動き回っていることを嗅ぎつけたワインスタインがNBCの知り合いに圧力をかけてきたせいだ。ワインスタインの妨害と嫌がらせは続き、この取材は日の目を見ないとわかった時、ローナンは、NBCの了解のもと、「ザ・ニューヨーカー」誌に持っていくことにする。ここを拠点に、ローナンはさらに多くの女性の証言を取り、ついに二〇一七年十月十日、その記事は誌面とオンライン版で公開された。その五日前には、偶然にもローナンと同じ時期に取材を進行させていた「ニューヨーク・タイムズ」紙が、やはりハーベイ・ワインスタインの長年のセクシャル・ハラスメントを告発する記事を出しており、ワインスタインは強烈なダブルパンチを食わされ、ミラマックスの後に弟ボブと創設したザ・ワインスタイン・カンパニーから追放されてしまった。

そこから堰《せき》を切ったように、被害者たちによる告発が始まった。ソーシャルメディアでは「#MeToo」のハッシュタグが飛び交い、ニュースでは毎日のように新たなハリウッドの大物が加害者として名指しされていった。俳優ではケビン・スペイシー、ダスティン・ホフマン、ジェフリー・タンバー、ジェレミー・ピヴェンなど。監督、プロデューサーではブレット・ラトナー、ジェームズ・トバック、ポール・

ハギス、ブライアン・シンガーなどだ。ピクサーとウォルト・ディズニー・アニメーションのチーフ・クリエイティブ・オフィサーで、「トイ・ストーリー」「カーズ」の監督でもあるジョン・ラセターも職を追われた。ウディの近しい人間も何人かいた。「ブルージャスミン」に出演したコメディアンのルイス・C・Kは、自分の監督作が公開になる直前に告発され、映画はプレミアを終えていたにもかかわらずお蔵入りに。ウディが好きなテレビジャーナリスト、チャーリー・ローズも告発を受け、彼の番組は打ち切りになった。そんな中で受けたBBCのインタビューで、「オフィスの女性にウィンクしただけで弁護士が出てきて責められるような、魔女狩りの雰囲気にならないことを望む」とコメントしたことから、ウディも批判されてしまった。

だが、ウディにとって何より衝撃だったのは、アマゾン・スタジオのロイ・プライスの名前が出てきたことだ。ロイから被害を受けたと告白したのは、テレビドラマ「高い城の男」(二〇一五~二〇一九)のプロデューサー、イサ・ディック・ハケット。二〇一五年七月、番組の宣伝活動でサンディエゴのコミコンを訪れた時、ロイは同乗したタクシーの中で「君は僕のペニスを気にいるよ」などと言っては、イサにしつこく迫ったのだ。イサはこの出来事をすぐ上に報告したが、唯一の変化は、以後、イサが関わる作品のイベントにロイが顔を出さなくなったことだけだった。しかし、「#MeToo」運動の真っ只中でイサがこの件を「ザ・ハリウッド・レポーター」に話すと、ロイはすぐに無期限の停職を言い渡され、数日後、辞職した。ロイの追放には、ローズ・マッゴーワンによる批判ツイートも貢献している。アマゾンで製作する予定の脚本を書いていたローズは、アマゾンがザ・ワインスタイン・カンパニーと大規模な契約を結ぼうとしていると聞き、ワインスタインにレイプされた体験を語って、そういうひどい人間と仕事をするのはやめて欲しいと言ったのだが、ロイは、「レイプは証明されていない」と無視し、ローズの企画を打ち切りにした。だが、ワインスタインとロイが凋落《ちょうらく》した今、彼らが一緒に作るはずだった企画ももちろん立ち消えた。

そういった風潮が高まる中で、「ロマン・ポランスキーやウディ・アレンはどうなんだ？」という声が囁《ささや》かれ始めた。ポランスキーは、四十三歳だった一九七七年、写真撮影のモデルになって欲しいと呼びつけた十三歳の少女に酒と薬を飲ませてレイプをした容疑で起訴され、司法取引に応じながら国外逃亡し、以後、アメリカには一度も足を踏み入れていない。起訴された時に撮影準備をしていたのは、ミアが主演する「ハリケーン」（一九七九）で、この映画は代わりにヤン・トロエルが雇われて完成したが、以後、ポランスキーはヨーロッパで堂々と映画を作り続けている。ウディは起訴されず、捜査では無実となってはいるが、ディランは今も被害を訴えている。他の男たちが職を失っているのに、これらの人物たちを放っておいていいのかと、世間は疑問を抱いたのだ。

それでも、ウディの生活にはまだ直接の影響はなかった。「#MeToo」が勃発した頃、「レイニーデイ・イン・ニューヨーク」の撮影は後半に差し掛かっていて無事に撮り終え、十二月にアメリカで公開予定の「女と男の観覧車」は、予定通りニューヨーク映画祭でプレミア上映されている。レッドカーペットだけはキャンセルされたが、ウディというより、ロイ・プライスが停職処分を受けた直後だったことが理由だ。

しかし、十二月に入ると、状況が変わり始めた。七日、ディランが、「ロサンゼルス・タイムズ」紙に、「『#MeToo』はなぜウディ・アレンを除外するのか？」というタイトルの意見記事を寄稿したのだ。記事の中で、ディランは、多くのセレブリティやアマゾン・スタジオのロイ・プライスがセクハラで追放されたのに、「女と男の観覧車」が問題なく公開されたのはなぜなのかと疑問を投げかけた。また、ディランは、今作の主演女優ケイト・ウィンスレットや、過去にウディの映画に出たブレイク・ライヴリー、グレタ・ガーウィグを名指しし、「#MeToo」運動をサポートすると言いつつウディのことは別扱いするのはダブルスタンダードだと強く批判した。

この意見記事は多くの人々の心を動かし、ナタリー・ポートマン、ジェシカ・チャステイン、ミラ・ソルヴィーノなどが、「私はディランを信じる」と言い始めた。コリン・ファースやグレタ・ガーウィグも「二度とウディ・アレンとは仕事をしない」と言い、「レイニーデイ・イン・ニューヨーク」に出演したティモシー・シャラメとレベッカ・ホールは、映画の出演料を寄付すると宣言。さらに、年が明けた一月、ディランが朝のテレビ番組「CBS ジス・モーニング」に出演して、「世間はずっと見ないふりをしてきた。よくわからない、よその家庭のことだと避けてきた。誰も私を信じてくれなかった」と訴えると、「カイロの紫のバラ」（一九八五）に出たジェフ・ダニエルズやピーター・サースガードまで、「もうウディ・アレンの映画には出ない」と公言した。そして、ウディにとってはとりわけ悲しいことに、長年の友人であるマイケル・ケインまでもが同調したのだ。ギャラが安くても大物スターがこぞって押し寄せてくるというウディの名声、ウディの「売り」は、ここに来て大きく揺らいだのである。とは言っても、みんながみんな彼を見捨てたわけではない。ダイアン・キートンやアレック・ボールドウィンは、味方でいてくれた。アレックは、「僕がウディを弁護するのが気に障るならフォローをやめてくれ」とツイートしている。

そうやってウディが窮地に陥るのと反対に、ローナンへの世間の評価はますます高まっていった。四月、ローナンは、「ニューヨーク・タイムズ」紙の記者ジョディ・カンター、ミーガン・トゥーイーと共に、ハーベイ・ワインスタインのセクハラ疑惑を「ザ・ニューヨーカー」誌で暴き、「#MeToo」運動が広まるきっかけになった調査報道が評価され、ピューリッツァー賞の公益報道部門を受賞。同月、LGBTQコミュニティに奨学金を提供するポイント基金からも、「カレッジ（勇気）賞」を受賞した。この授賞式で、ローナンは、業界サイト「ヴァラエティ」に、「ダムが決壊した瞬間を見届けることができた自分は幸運だと思います。しかし、まだ、権力がありすぎるがために責任を取らなくて済んでいる人たちがいます。あらゆる手段を使って、他人を黙らせようとする人たちが。僕の姉の話に耳を傾けてください。彼女は今もウディ・アレンに苦しめられています。最近、姉とはあまり話していませんが、彼女は勇気を持ってウディ・アレンがやったことを話してくれました。姉のことをとても誇りに思っています」と語った。この機会に、ローナンは自分がゲイであることを表明し、その意味でも祝福気分を味わったのだが、そのムードはすぐに水を差されることになった。すぐ後に、モーゼスが、あの日の出来事について、これまでになく詳細に世間に向けて告発したのだ。

第八章　モーゼスの告白とアマゾンの裏切り

「僕はとても内向的な人間で、人の歓心を買うことに興味はありません。しかし、僕の父ウディ・アレンに対し、まるで事実と違う、誤解を招く攻撃がなされているのを見て、もはや黙っていられなくなりました」

二〇一八年五月二十三日、モーゼスが発表したブログ記事は、そのような言葉で始まっている。タイトルは「息子が発言する（A Son Speaks Out）」。「僕たちの家で起こったとされる前、その途中、その後、僕はずっとその場にいたのです」と、モーゼスは、自分が見た「その日」について詳しく書いた。

一九九二年八月四日、ミアとミアの親友ケイシー・パスカルがタムとイザイアを連れて買い物に出ている間、コネチカットの家には、モーゼス、ディラン、サチェル、ケイシーの三人の子供たち、ベビーシッターのクリスティ、フランス語の家庭教師ソフィー、ケイシーが雇っているベビーシッターのアリソン、そしてウディがいた。ミアは、出かける前に「ウディから目を離さないように」とみんなにきつく言い聞かせ、子供たちの中で一番年長であるモーゼスは、その言いつけを守ろうと、人が出入りする際にはしっかりと注意を払った。ウディは、テレビのある部屋で「ロジャー・ラビット」を見ていたが、時々、電話をかけるために別の部屋に行ったり、空気を吸いに外に出たりした。しかし、常にみんなの目の届く範囲にいて、ディランと一緒に部屋を離れたことは一度もなかった。後にケイシーのベビーシッター、アリソンは、テレビの部屋でウディがディランの前に跪《ひざまず》き、ディランの膝に顔を埋めていたと言うのだが、みんなのいる前でそんなことは起こり得るはずはないと、モーゼスは書く。

さらに、モーゼスは、虐待がなされた場所がミアの寝室に続く階段だったことにしようという会話が交わされるのも耳にした。だが、階段はリビングルームから見えることに気づき、家の中で唯一目につかない場所ということで、屋根裏にされたのだ。そして、その屋根裏は、人が想像するような場所ではないのである。家族が「屋根裏」と呼んでいるそこは、ミアの寝室の横にある中途半端な空間。屋根が鋭い角度で迫り、ネズミ捕り、防虫剤などが散らばって、あちこちクギが剝き出しになっている、いわば物置部屋だ（コネチカット警察がウディの聞き取りをした時にも、クローゼットを経由しないと入ることができないという話が出ていた）。二〇一四年の

「ニューヨーク・タイムズ」紙に、ディランはそこでウディにうつ伏せにさせられ、おもちゃの電車がぐるぐる回るのを見つめていたと証言したが、そんなものはなかっただけでなく、置ける余裕すらなかった。とてもではないが、子供が遊べるような場所ではないのだ。兄弟の一人がぐるぐる回る電動のおもちゃの電車を持ってはいたが、それは一階の、男の子用の部屋にあった。ディランは、そのおもちゃを空想の中に紛れ込ませたのだろうかと、モーゼスは疑問を投げかける。

ウディとミアの関係に問題が起きて以来、ミアは子供たちに、「家族は一致団結するべき」と、ことさら強調した。そこで、モーゼスは、ウディに向けて「自分の息子の夢を壊したことを誇らしく思っていらっしゃることを願います」という、あの手紙を書いたのだった。「あれは、僕の人生で最大の後悔です」と本心を書いている。

意に反してそんな行動を取ったのは、普段からミアをとても恐れていたからだ。ミアの望む通りにしなければ痛い目に遭うと、経験から学んでいたのである。たとえば、小学校一年生から二年生になる夏休みの出来事があった。この頃、ミアは、コネチカットの家で、モーゼスが寝室として使っている部屋の壁紙を新しくしようとしていた。夜、モーゼスが寝ようとしていると、ミアは、モーゼスのベッドの上に巻き尺があるのを見つけ、「これを一日中捜していたのに。どうしてここにあるのよ？」と責めた。モーゼスが、知らないと言うと、ミアは怒り、「自分がとった」と言うまで、モーゼスの頬をひっぱたき続けた。さらに、その〝告白〟をきょうだいの前でさせるべく、ミアの前で何度も練習をさせたのだ。モーゼスは、泣きながら、きょうだいの前で、練習させられたとおり、「遊ぼうと思って巻き尺を取りました。ごめんなさい、もう二度としません」と言って謝った。

歯向かうことは許されなかった。ディランとサチェルがテレビを見るために、部屋のカーテンを閉めてそのままになっていた時もそうだ。ミアは、モーゼスがカーテンを閉めっぱなしにしていたのだと決めつけ、否定しても信じず、後に親友のケイシー・パスカルが訪ねてくると、ケイシーにもそう話した。それを聞いてモーゼスが「嘘だ！」と反論すると、ミアに全身を殴られた。自分が注意深く作り上げた現実から少しでもずれたことをされると我慢ならないミアに抑圧され、「僕は自分の声を奪われたのです」と、モーゼスは訴える。

そのような環境は、他の養子たちを苦しめた。タムが二十一歳の若さで亡くなった時、メディアは死因を心臓麻痺だと報じたが、本当の理由は薬物の過剰摂取による自殺だった。タムはその前から鬱を抱えていたのだが、ミアは「気持ちの波が激しいだけ」と、治療を受けさせなかったのだ。タデウスも、車の中で、拳銃自殺した。ラークも長い間精神の病と依存症に苦しみ、貧困の末エイズで、三十五歳で亡くなった。ウディという救い手が現れ、この地獄のような場所から抜け出せたスンニは、モーゼスから見れば幸運だったのだ。

問題は、ミア自身が育った家庭環境にもあった。モーゼスは、ミアが過去に家族の誰かから性的虐待に遭いそうになったことを、本人の口から聞いている。ミアの弟ジョンは複数の子供に性的虐待を加えた罪で刑務所入りをした。皮肉なことに、ミアが、ジョンの被害者を気遣う言葉を言ったことは一度もない。また、ミアの兄パトリックは、二〇〇九年に自殺をしている。

一九九三年の親権裁判でミアがディランとサチェルの単独親権を獲得した時、モーゼスはすでに十五歳だったため、自分の意思でどちらに行くか決めることができたが、できるだけ波風を立てないようミアを選ぶことにした。二十代半ばになって、一度ミアに、ウディに連絡を取ってもいいかと聞くと、最初こそ了承してくれたものの、すぐに「あの化物」と取り消された。モーゼスがこっそりとウディに連絡を取るのは、それから数年経ってからである。そうやってようやくウディに会えるようになったある時、モーゼスがあの日のことについて話すと、ウディは、マンハッタンに戻る朝、ディランとサチェルにおもちゃ屋のカタログを渡し、買ってきて欲しい物に丸をつけさせた思い出について語った。あれは、ウディにとって、ごく普通の、幸せなひとときだったのだ。それがまさか、子供たちと過ごす最後の朝になるとは、その時は想像もしていなかった。そのカタログは、しばらくの間、大事に取っておいたと、ウディはモーゼスに打ち明けたという。

心理カウンセラーであるモーゼスは、職業的観点からも、ウディが小児性愛者である可能性は極めて低いと考える。この手の犯罪者は衝動を抑えられず、同じことを繰り返すからだ。ウディが虐待の容疑をかけられたのはこの一度だけで、その前にも、後にも、まったくない。モーゼスはまた、虐待容疑についての捜査を受けている時に、「父と母のはざまにいて苦しい」と証言したことがある。それを知ったミアは、「あなたはなんということを言ってくれたの！　これじゃあ私が負けちゃうじゃない！　あなたが言ったことは全部間違いだったと言い直しなさい！」と叫んだ。恐れたモーゼスは、ここでも〝ミアの現実〟に従うことを強いられた。

ブログの最後で、モーゼスは、「ウディ・アレンと仕事をしたことを後悔している」と言い出した役者たちに、「僕の言うことを聞いてください」とメッセージを送っている。「僕は、あの家にいたのです。あの部屋に。それに、僕は、僕の父と母について、それぞれがどんなことをやれる人なのかについて、あなたたちよりずっとよく知っているんです」と、モーゼスは、社会運動が巻き起こる中とはいえ、焦って判断をしないで欲しいと呼びかけた。ディランに向けては、「僕の心は、母と距離を保つようになって、ようやく回復を始めている。母は、君に、耐えられないようなことをした。父の評判を貶めるという母の手助けをすることに人生を捧げていたら、君の中でこれが解決することはないのだと理解して欲しい」と書いた。そして、ミアには、「素直に言うことを聞くのが僕の長所だと、あなたはよく言っていましたね。僕は、事実がどうであれ、あなたの言うことを聞こうとしてきました。怖かったからです。あなたはまた、『怒りを持ち続けるのは健康的ではない』ともよく言いました。でも、あなたは二十六年も経つ今も、まだ怒りにとらわれています。次は、発言した僕に対する攻撃を展開するのでしょう。あなたはそういう人。僕はその覚悟ができています。でも、もう十分ではないですか。僕らはどちらも真実を知っているんですから。報復はやめましょう」と呼びかけた。

ミアは、このブログを一蹴し、「すべて作り話」と「ニューヨーク・タイムズ」紙に対するダイレクトメッセージでのインタビューで述べた。「この二十年の間に、攻撃されることには慣れたと思っていたけれど、息子を武器に使ってくるのは新しい手段で、すごく辛い」「いまだにこんな嘘がつけるとは」と言って、モーゼスではなく、ウディを責めた。ディランも激怒し、ツイッターで、ミアはすばらしい母だったとつぶやき、モーゼスのことを「この兄は問題のある人。こういうことをされて残念」と完全に否定。ローナンも、「僕は姉を信じる」とツイートしている。

その四カ月後、スンニが「ニューヨーク」誌のインタビューを受け、掲載前に編集部がディランに記事を見せると、またもやディランとローナンは怒った。その結果、記事を書いたダフネ・マーキンが以前からウディと親しいことが加筆され、記事のタイトルは表紙から外された。ミアのスンニに対する虐待の描写も、かなり和らげられた。それでもディランとローナンはこの記事に大いに不満で、ディランは、「加害者の友達が、被害者の言っていることが信用ならないという一方的な記事を書くなんて酷すぎる。『ニューヨーク』が連絡をしてきた時、私はすぐに虚偽を発見したわ。私に（ミアが撮影したビデオで）嘘を言わせるために母がお人形で釣ろうとしたというくだりで、その時代にまだ製造されていない人形が出てきたの」「母からコーチングなんかされていない。ウディ・アレンが多数の弁護士、広報担当、そしてこの著者のような人を使って攻撃してきても、母は私を守ってくれた。母のおかげで、私は、愛に満ちたすばらしい家庭に育つことができたのよ」とツイートした。

しかし、そのようにソーシャルメディアを使ってウディを攻撃し続けるディランを良く思わない、意外な人物がいた。十三歳だった一九七七年、ロマン・ポランスキーにレイプされたサマンサ・ジェーン・ゲイマーである。性犯罪の被害者として、辛く、苦しい過去を乗り越えてきたサマンサは、「ヴァニティ・フェア」誌や「ニューヨーク・タイムズ」紙に掲載されたディランの告白を読んだ二〇一四年から、ウェブサイトへの寄稿やテレビインタビューなどを通じ、ディランに、そういった行動から癒しは得られないと語りかけてきた。有罪判決が出ていない人をあたかも犯罪者であるかのように責めるのは間違っているというのが、サマンサの主張だ。

二〇一七年、「#MeToo」運動が起こり、その機に乗じたようにディランが再びマスコミの前に出始めると、サマンサもまたツイッターでディランを批判し始めた。その中では、ミアがポランスキーと今も親しいという矛盾が指摘されている。ミアはレイプ事件の直後、ポランスキーを許してもらいたいと、裁判所に「私の忠実な友人。才能ある監督で映画業界にとって大事な人。勇気のある、頭の良い人で、すべての人々にとって大事な人」という嘆願書を出しているのだ。二〇〇五年、ポランスキーが「ヴァニティ・フェア」誌を名誉毀損で訴えた時も、ミアはわざわざロンドンまで飛んで、ポランスキーの弁護をしている。その記事は、一九六九年、ポランスキーの妻で女優のシャロン・テートが、ロサンゼルスの自宅でチャールズ・マンソンの一味によって無残に殺された後のポランスキーの行動についてのものだ。ポランスキーは事件が起きた時、ロンドンにいて無事だったが、ニューヨークで行われたシャロンの葬式に向かう途中のレストラン（ウディの行きつけでもあるイレーンズだ）でも、スカンジナビア系の若いモデルの体を触り、「君を次のシャロン・テートにしてあげるよ」とささやいたという。そこに一緒にいたミアは、その事実を否定するためにわざわざロンドンの裁判所に出廷したのだ。

ウディを性的虐待で責める一方で性犯罪者を弁護する矛盾を指摘されたミアは、サマンサに「私がポランスキーの弁護をしたことを、心から謝ります」とツイッターでメッセージを送った。しかし、サマンサは「謝ってくれなくて結構。友達は友達を助けるものだもの。十四歳でもそんなことはわかっていたから、あなたが書いた手紙は気にしなかったわ。自分の事実（レイプされたという事実）を他人の力を借りて証明しようとも思わなかったしね。ロマン（・ポランスキー）と私の家族は、もうずいぶん前に和解しているし」とすげない返事をしている。ディランに対しては、「ツイッターで（ウディを）裁判にかけようなんてバカげている。大人として（民事で）訴えることはしたくないというならそれでもいい。でも、そうしないと決めたのであれば、有罪だと責めることはできないのよ」「『#MeToo』を社会全体のためでなく個人的な狭い目的のために悪用するのは反対。私たちはみんな、他人を引っぱり上げようとするべき。誰かを貶めるのではなくて」とツイートした。ただ、サマンサはウディの味方をしているわけでもなく、ウディに対しても、仮にも自分の子供たちの母親であるミアについて悪口を言うのはよくないと批判している。

そんな中、ウディはひたすら仕事に集中していた。スキャンダルが起こった時と同様、一生懸命頭の切り替えを行ったのだ。「レイニーデイ・イン・ニューヨーク」の編集作業にいつも以上に時間をかけたし、次に作るつもりの脚本執筆にも入り、撮影監督も雇った。前年の十月に撮影を終えている「レイニーデイ・イン・ニューヨーク」は、普通の状況ならば、五月のカンヌ映画祭に出品されてもおかしくない。しかし、ディランが「『#MeToo』はなぜウディ・アレンを除外するのか？」という意見記事を「ロサンゼルス・タイムズ」紙に発表し、反響を呼んだ十二月、アマゾンはウディに、シアトル本社でミーティングを持ちたいと言ってきたのである。そのミーティングは結局実現しなかったのだが、その翌月である二〇一八年一月に、「レイニーデイ・イン・ニューヨーク」の公開を二〇一九年まで遅らせようとアマゾンから連絡が入った。ウディも、それを素直に受け入れている。「#MeToo」のまっただ中の十二月に公開されたウディの「女と男の観覧車」は、北米でたった百四十万ドルしか興行収入がなかったというのも、説得材料になった。これは、一つ前の「カフェ・ソサエティ」の、およそ十分の一だ。ウディの映画に人気があるフランスでも、「女と男の観覧車」は、過去十六本のウディの映画で最低の興行収入だった。これが「#MeToo」の影響なのか、単に作品に力がないからなのかはわからないにしても、ちょっと世の中の様子を見ようというのは、理にかなったことである。

その間、アマゾン・スタジオの内部では、大きな改革が進んでいた。ロイ・プライスの直後、さらに二人の男性エグゼクティブをクビにしたアマゾンは、新たなトップに女性を据えようと、業界の優秀な女性たちと面接を行い、二月、ＮＢＣエンタテインメントのプレジデントだったジェニファー・ソークをＣＥＯ（最高経営責任者）に据えた。そしてアマゾンは、六月、ウディに、新しい体制になったアマゾンから、四本契約を破棄すると通告したのだ。寝耳に水の出来事に衝撃を受けたウディは、アマゾンに理由を問い詰めた。そもそも、最初の契約には、アマゾンが契約を不履行にできるという条項は入っておらず、そんなことが許されるわけはないのである。しかし、何度聞いても、アマゾンは、「ウディ・アレンの虐待疑惑が再浮上し、多くの俳優がもうウディ・アレンとは仕事をしないと言っている中、この契約はもう現実的でない」と言うだけだった。ウディはアマゾンに、契約破棄を撤回しないなら訴えると迫るが、アマゾンは、「我が社には、『レイニーデイ・イン・ニューヨーク』にも、他の作品にも、何の義務もない」と突っぱねた。

納得がいかないウディは、ついに翌二〇一九年二月、アマゾンに六千八百万ドルを要求する訴訟を起こす。訴状には、「アマゾンは、二十六年前の根拠のない出来事を、(契約破棄の)言い訳にしている。だが、この出来事は、四本契約を結ぶ前に、周知の事実だったものであり、契約を破棄する理由にはならない」とあった。さらに、訴訟を起こした日、ウディの弁護士の一人ジョン・B・クインは、「ミスター・アレンに関わってもらうことで大きな利益を受けた後、アマゾンは、法的な根拠もないのに、自分たちの義務を放棄し、契約を不履行にしようとした。これは許されないことである。法律のもとで、事実は明らかだ。アマゾンには勝つ余地がまるでない。ミスター・アレンが勝つのは疑いない」という声明を発表した。アマゾンのジェニファー・ソークは、「私からは何も申し上げられません。この契約が結ばれたのは私がやってくる前のことですから」と、コメントを避けた。

この訴訟は、九カ月後の十一月、示談にて決着を迎えた。内容の詳細は明らかにされていないが、報道されるところによると、どちらにとっても良い結果ではなかったようだ。ウディにとっては何よりも、「レイニーデイ・イン・ニューヨーク」のアメリカでの劇場公開への道が閉ざされてしまったのが辛かった。他の国ではそれぞれに配給会社がついているため公開され、興行成績は概ね好調だったが、皮肉にも、映画の舞台であるニューヨークの人びとは、この映画を見られないことになったのだ。

その間にも、ウディは、次の映画「リフキンズ・フェスティバル」をスペインのサンセバスチャンで撮影した。製作パートナーは、「ミッドナイト・イン・パリ」「それでも恋するバルセロナ」にも関わったスペインのプロダクション会社メディアプロ。出演は、クリストフ・ヴァルツ、ジーナ・ガーション、セルジ・ロペスらだ。

メディアプロは、「ニューヨーク・タイムズ」紙に、この状況でもウディと組むことについて、「私たちは芸術家を作品で評価します」と語っている。アメリカ人女優であるジーナ・ガーションは、撮影開始前の二〇一九年七月の記者会見で、「女性の権利については、もちろん意識しています。でも、ウディ・アレンの映画に出られることも、嬉しく思っています。『#MeToo』は良いことをたくさん成し遂げてきました。でも、人はそれぞれの状況を自分で見つめ、自分で決断するべきだと思います」と、出演を決意した理由を語った。同じ会見で、ウディは、「引退を考えたことはない。私はずっと仕事にだけ集中してきた。家族や政治に何が起こっても。社会運動も関係ない。私の映画は、人間と、人間関係についてだった。そこにユーモアを持ち込もうともしている。私が死ぬ場所は、たぶん映画の撮影現場だろう。本当にそうなるかもと思う」と述べている。

さらにウディは、回顧録の執筆も進めていた。その本『アプロポス・オブ・ナッシング』を、ウディは二〇一八年からいくつかの出版社に売り込んでいたのだが、ようやく二〇二〇年四月七日、アシェット・ブックグループ傘下のグランドセントラル・パブリッシングから出版されることが決まった。発売日のおよそ一カ月前の三月初旬に出したニュースレターで、グランドセントラルは、この本について「ウディ・アレンの人生を、仕事面、私生活面、両方から包括的に振り返るもの」であり、「家族、友達、人生で愛した人々についても語るもの」だと説明した。

それを知って、ローナンは激怒した。ローナンは、その五カ月前に、やはりアシェット傘下のリトル・ブラウン・アンド・カンパニーから、ハーベイ・ワインスタイン取材の舞台裏を語る『キャッチ・アンド・キル』を出版したばかりだったからだ。「#MeToo」を支援する本を出した会社が、「#MeToo」容疑がかかっている人物の本も出すということである。しかも、ローナンは、それを一般人と同じようにニュースで聞いたのだ。これを侮辱と感じたローナンは、ツイートで、「こんな会社とはもう一緒に仕事はできない」と宣言した。ディランも、アシェットがウディ・アレンの回顧録を出版するということに強い怒りを覚え、「私の弟は、権力のある男たちから性暴力を受けた女性たちに声を与えた。これはそんな彼への裏切り」とツイッターでアシェットを責めた。

二人のそんな反応を知ったアシェットのＣＥＯマイケル・ピーチは、すぐにローナンに電話をかけた。その電話で、マイケル・ピーチは、本というものは使命を持っているものであり、自分たちはそれぞれ独立したものとして扱い、お互いに関与はさせないということをポリシーにしていると釈明した。出版社の使命は、書き手が自分の本で目的を達成させる手伝いをすることなのだとも言ったが、ローナンは納得せず、「それぞれのレーベルを独立させるのがポリシーだとは言っても、『キャッチ・アンド・キル』の版元として、倫理面とプロフェッショナル面での義務は伴う」「ウディ・アレンが僕の家族に与えた被害についても語る『キャッチ・アンド・キル』を一緒に作っている時、あなたは内緒で性暴力の加害者が書いた本を出そうとしていたわけだ」と反論した。

そんなローナンに強力な味方が付いた。この発表の三日後、数十人のアシェット社員が、ウディの本を出すことに抗議の意を示すべく、申し合わせて同じ時間に会社の外に集合したのだ（コロナ感染拡大がアメリカ全土に拡大するギリギリ前のことで、ニューヨークでもまだ人はオフィスに出社していた）。参加者たちがオフィスの入っているロックフェラーセンターの前で抗議の声を上げる中、一部の社員はマイケル・ピーチと面会し、ウディの本の出版をやめること、公式に謝罪すること、社員が発言するのを認めることを要求した。翌日、アシェットは、出版の取りやめを発表。ディランは、「立ち上がってくれたアシェット、リトル・ブラウン、グランドセントラルの社員のみなさん、本当にありがとう」と感謝のツイートをした。

ところが、それからわずか三週間後、アソシエイテッド・プレスから、ウディの本がアーケイド・パブリッシングという独立系の出版社から刊行されたと発表されたのだ。しかも、アシェットが予定していた発売日よりも早い三月二十三日である。それはあまりに突然で、このニュースが出た直後は、アーケイドのウェブサイトでも、アマゾンのサイトでも、本の情報は上がっていなかった。準備が整う前に急遽出版したということである。

グランドセントラルのニュースレターに書かれていたのと同じように、この本は、ウディの人生を、子供時代から現在まで、作品を細かく追いながらユーモラスに綴っていくものだ。スンニやスキャンダルが出てくるのは中盤になってからで、そこからまた映画の話に戻ったりする。本の最後の方で、ウディは、「虚偽の容疑についてこんなにページを割いてしまったことを後悔するが、書き手の立場にしたら、あの話は平凡な人生の物語に興味深い要素を与えてくれるもの。アッパーイーストサイドを散歩するのが一番の楽しみだという男にとって、センセーショナルなゴシップに巻き込まれるのは、確かにアドレナリンが出る経験ではあった」と、ユーモアを交えて書いている。

しかし、ミアや、親権裁判を担当した判事、「#MeToo」運動に影響を受けて自分を避けるようになった役者たちに対しては容赦がない。たとえば、「次から次へと、俳優や女優たちは、私とは仕事をしないと言い始めた。中には本当に私が加害者だと信じている人もいるようだ（どうしてそう確信できるのか、いまだに私にはわからないのだが）。私の映画に出るのを断ることが高尚なことだと、多くの役者が信じているのは明らかである。もしも私が何か罪を犯したのなら、その行動には意味があるだろうが、そうではないので、その人たちは罪のない男を苦しめ、ディランに植え付けられた記憶をさらに確かなものにしているにすぎない」と、ウディは書く。

また、「レイニーデイ・イン・ニューヨーク」の出演料を寄付すると宣言したティモシー・シャラメが、その後、ウディの妹でプロデューサーのレッティ・アロンソンに、『君の名前で僕を呼んで』でアカデミー賞を取れるかもしれないから、今はこうしなければならないのだ」と告白してきたことも明かしている。「レイニーデイ・イン・ニューヨーク」でティモシーと共演したエル・ファニングが、「あのスキャンダルが起きた時、自分はまだ生まれていなかったので何とも言えない」と発言したことについては、「正直な答えだ。すべての事実を知らないから判断を差し控えると、もっと多くの人が言うべきだったのだ」と褒めた。

スンニに対する強い愛も強調している。一緒に住むようになってから、二人は、夜を別々に過ごしたことはなく、食事もほとんど一緒なのだそうだ。そんな毎日を送っていたら話すことがなくなるのではと思うかもしれないが、天気はいつも変わるし、話題にこと欠くことはないという。「付き合い始めの頃、スンニはとても悲しいことを私に言った。『私は人生で一度も誰かにとって一番大事だったことはないの』と言ったのだ。私は、大家族の中で、ずっと大事な存在として可愛がられていた。自分をスンニの立場に置いてみて、私はスンニを一番大切な存在にすると決めた。溺愛し、奉仕し、甘やかし、祝福し、スンニが望むことは絶対に否定せず、酷すぎた最初の二十五年を償ってあげようと」と、ウディは妻への思いを語っている。

この本が出版された半年後の二〇二〇年九月、ウディの最新作「リフキンズ・フェスティバル（原題）」（日本未公開）が、サンセバスチャン映画祭で披露された。物語の舞台がサンセバスチャン映画祭とあり、ここでのプレミア上映はまさにふさわしい。コロナ禍でカンヌ映画祭が中止され、トロント映画祭が地元以外の人たちはリモート参加となる中で、サンセバスチャン映画祭は劇場で映画を上映する形を貫いたのだが、さすがにウディの記者会見はリモートで行われた。「#MeToo」やスキャンダルについては触れられず、話題は、映画のこと、インディーズ映画の将来についての見解などだ。「この映画を作る上で一番楽しかったのは、家族と一緒に数カ月をサンセバスチャンで過ごせたことだ。この映画祭のためにサンセバスチャンに行けなくて、とても悲しい。パンデミックはすべてをめちゃくちゃにしてくれたよ」と、ウディは述べている。

それからまもない十一月、「レイニーデイ・イン・ニューヨーク」が、静かにアメリカで配信リリースされた。アメリカでは永遠に見られないと思われていたのに、救世主が現われたのだ。ホームエンタテインメントを専門に扱うイギリスの配給会社シグネチャー・エンタテインメントである。シグネチャーは、一足先の六月、イギリスでこの映画をプレミアム料金でデジタル配信し、七月にはＤＶＤを発売した。配信を請け負ったパートナー会社には、ヴァージン・メディアやスカイなどに加え、アマゾン・プライムビデオも入っている。アマゾン・プライムビデオは、アメリカでもこの映画の配信に参加した。シグネチャーのＣＯＯ（最高執行責任者）ジョン・ボーディロンは、業界サイト「デッドライン」のインタビューで、「アマゾンはこの映画の配信に乗り気だった」と語っている。

ウディの映画の配給を自社が担うべきかどうかについては、もちろん、シグネチャーの社内で話し合いが持たれた。その結果、起訴されたわけでもなく、容疑を一貫して否定してきた人物との仕事を拒否するのは正しいことではないとの結論に至った。ボーディロンは、「社員数の多い、もっと大きな会社は、違った決断を出すかもしれない。だが、我々の経営陣は、これを不適切なこととは思わなかった。ウディの関係者も、我々とパートナーシップを組んだことを喜んでくれている。この映画は、先に他の国で公開されている。ウディが一番望むのは、自分の映画を見てもらうこと。多くのお金を稼いだり、賞をもらったりするよりも、ウディにとってはその方が大事なのだ」と述べた。ウディとシグネチャーの間では、「リフキンズ・フェスティバル」の配給についても話がなされているようだ。「映画はもう見せてもらった。我々は良い関係を築いていきたい。さあ、どうなるかな」と、ボーディロンは可能性を匂わせた。

だが、そんなふうに多少の希望が出てきたところで、ウディは新たな逆境にさらされることになってしまった。二〇二一年二月、プレミアムケーブルチャンネルHBOと系列の配信サービスHBO Maxが、あのスキャンダルについての四話構成のドキュメンタリー「アレン v.ファロー（原題）」を放映したのだ。監督は、性犯罪被害者に関するドキュメンタリーを得意とするカービー・ディックとエイミー・ジーリングのコンビ。二人は、その前の年にも、ラッセル・シモンズのセクハラを告発する「オン・ザ・レコード（原題）」をＨＢＯ Ｍａｘで配信したばかりだ。

性犯罪被害者のためのアクティビストであることを自認するこの監督コンビは、ウディとミアのスキャンダルも、完全にミアの視点で語った。ミア、ディラン、ローナン、ミアの親友ケイシーや妹ティサ、「ヴァニティ・フェア」誌の記事を書いたモリーン・オースは出るが、ウディ、スンニ、モーゼス、ミアに不利な供述をしたベビーシッターのモニカ・トンプソンや心理カウンセラーは登場しない。また、ミアの子供が三人も若くして亡くなった事実については一切触れず、ミアが養子を虐待していた疑いについては、ごく軽く触れるだけだ。監督コンビは、「ウディとスンニにも声をかけたものの返信がなかった」とメディアに説明したが、第一話が放映された直後、ウディとスンニは声明を出し、「（このドキュメンタリーのために）ファロー側とは何年も協力してきたのに、私たちに声がかかったのは放映開始まで二カ月もない頃。しかも、返事をするための猶予もろくに与えられなかった」と、意図的に自分たちの話を聞かなかったのだと抗議した。

このドキュメンタリーの「目玉」は、一九九二年にミアが撮影したディランの告白ビデオだ。このビデオについてはずっと語られてきたものの、実際に見たのは捜査関係者やミアの身近な人たちだけで、一般に公開されることはなかった。一旦停止してはまた違う場所で始まるのが不自然だ、意図的に編集されている感じがする、などと伝えられてきたこのテープだが、七歳の少女が虐待について語るのを見るのは、やはり衝撃的だ。その直後にミアが登場し、深刻な表情で、「この子を守らなければならない。それが自分のやるべき唯一のことだと、私はあの時決めたのです」と言うと、見た人は、ウディによる虐待はあったのだと納得させられてしまう。背後でずっと恐怖を煽る音楽がかかっているのもまた、効果を高める。

このドキュメンタリーを見た多くの批評家や記者は、「胸が張り裂けそう」「見ていてとても辛い」などと書いた。「ウディ・アレンのキャリアは、これで確実に終わった」との記述もあった。しかし、「ザ・ガーディアン」紙のハドリー・フリーマンは、ドキュメンタリーが意図的に省いた、ミアに不都合な事柄を具体的に列挙し、「偏見に満ちており、ドキュメンタリーというよりは政治家がライバル候補を負かすために行うPRビデオのよう」「人はあのスキャンダルについてあまり知らないだろう、あるいは昔のことなので忘れてしまっているに違いないと期待して作ったのは明らか」と批判した。「女性を疑う、性暴力のトラウマを軽んじるという、過去に人びとが犯してきた間違いを繰り返してはならないと思うのは良いことで、理解できる。しかし、すべての容疑は同じではない。中には非常に複雑で、白黒つけられない、あるいはアクティビストの望む形に収まらないものもあるのだ」と、監督コンビは最初から結論ありきのアプローチをしたと指摘。この事件についてまだ相反する意見があることについては、「捜査の結果はずっと前に出ている。だが、これからも人がこの件について意見の一致をみることはないのだろう。人はいつも、自分が信じたいことを信じるものなのだ」と言って、記事を締めくくった。

さらに、ウディの友人で、二〇一一年に二部構成のドキュメンタリー番組「ウディ・アレン：ア・ドキュメンタリー」（「映画と恋とウディ・アレン」の基になったもの）を監督したロバート・B・ウィードが、ネットに記事を寄稿し、「アレンv.ファロー」がいかに物事を都合よくねじ曲げているかを指摘した。とりわけ重要なのは、最終回に出てくる、屋根裏の電車のおもちゃの件だ。「アレンv.ファロー」は、モーゼスが、「ぐるぐる回る電車のおもちゃは一階にあり、屋根裏にはなかった」とブログで書いたことを紹介した後、警察が描いた屋根裏の図を見せる。そこには電車のおもちゃの線路があるのだ。これを見た人は、モーゼスは嘘をついていると、まず確信するだろう。しかし、家政婦兼ベビーシッターのクリスティ（彼女はミア寄りである）は、一九九三年の裁判で屋根裏の状況を聞かれた時、物が入ったトランクや写真などの他、子供たちが上に乗って遊ぶ、大きなプラスチック製の電車のおもちゃがしまってあったと述べているのだ。屋根裏には遊べるようなスペースはないため、遊ぶ時はそこから出して遊んだとも、クリスティは供述した。電車の下には小さな線路がくっついているため、警察の図には、「電車の線路」と書かれてあるが、それはディランが二〇一四年の記事で書いたような、その上を小さな電車がぐるぐる回る電動のおもちゃとは別物なのである。ウィードは、「監督のジーリングとディック、プロデューサーのエイミー・ハーディは、知らなかったのか？いや、知っていたのだろう。知っていて、わざと、ディランの言っていることを裏付けるために工作としてやったのだ」と批判した。

内容以外に、このドキュメンタリーを放映、配信したＨＢＯの立ち位置に対する疑問や批判も出ている。ウディが性犯罪者であると伝えるこのシリーズを積極的に宣伝するかたわら、ＨＢＯ Ｍａｘの映画ラインナップには、「ラジオ・デイズ」「ブロードウェイのダニー・ローズ」（一九八四）、「セプテンバー」（一九八七）など、六本のウディの作品が含まれているのだ。この事実を指摘されると、ＨＢＯは、「これらの作品を見るかどうかは視聴者の皆様がご自身で判断されることです」との声明を出し、今後も削除するつもりはないことを明らかにした。また、ＨＢＯは、二〇一八年、ローナンとドキュメンタリー番組を製作する契約を結んでいる。権力を悪用する人物や組織などを暴くことなどをテーマに、複数の作品を作る計画で、ローナンはプロデュースだけでなく、出演もする予定だ。今のところは、まだ一本も完成には至っていない。しかし、ローナンが手がけたそれらの番組がついに配信される時には、ウディ・アレンの映画も、そこに堂々と並んでいることだろう。強烈な憎しみと愛がつなぐこの家族の絆は、切りたくても、なかなか切ることができないのだ。

終わりに

ウディ・アレンとミア・ファローのスキャンダルを聞いたのは、私が東京からアメリカに移住して、まだ一カ月半の頃だった。メディア関係の仕事を夢見て東京の大学に入学、卒業後は月刊女性誌の編集者として仕事をしたのだが、ニューヨークに住みたいというもう一つの夢も捨てきれず、アリゾナ州ツーソンの小さなフリーペーパーで仕事をする機会を得て、渡米したのである。

そのフリーペーパーを紹介してくれたのは、国際インターンシップ・プログラムを斡旋する団体（非営利ではない）。ニューヨークやロサンゼルスのような大都市の出版社は選択肢になく、もっと良いところが出てくるのをずっと待ち続けるのは迷惑がられる感じもあり、南の砂漠の街か、北の寒そうな街かと言われて、砂漠を選んだのだ。マリエル・ヘミングウェイの家族に招待されてアイダホ州を訪れた時、ウディ・アレンは「まるで月に来たみたいだな」と言ったそうだが、私もまさにそんな気持ちだった。

ウディ・アレンがミア・ファローの養女と関係を持った、ヌード写真まで発覚したという話題は、ニューヨークから遠く離れ、時間がゆったり流れるツーソンでも、毎日のように耳にしたのを覚えている。ニュースでもやっていたし、コメディアンもしょっちゅうジョークのネタにしていた。ウディ・アレンの映画の影響もあってニューヨークに憧れるようになった私は（大学時代、三年間バイトをしたニュー東宝シネマでは『ハンナとその姉妹』がかかっていたことがあり、あの音楽は耳に焼き付いている）、彼の人生のあまりに意外な展開にショックを受けたものだ。

だが、少しずつニュースでその事柄を耳にすることは減っていき、翌年の秋、日本語テレビ放送会社に就職が決まってロサンゼルスに引っ越してからは、ほとんど聞かなくなった。今思えば、親権裁判も終わり、ウディ・アレンが起訴されないことが決まった時期だったから、納得である。同じ頃にはクリントンが大統領になったし、その翌年にはロサンゼルスでO・J・シンプソン事件が起こった。さらに、その次の年には野茂英雄がドジャースに入団し、大活躍をするようになった。かつて私の中にあった「絶対にニューヨークに移住する」という思いが「年中天気が良いロサンゼルスは住むのに最高だ」という気持ちにすり替わったように、みんなの注目を浴びる〝話題の人〟もどんどん変わり、ウディ・アレンのスキャンダルのことは、いつしか忘れられていったのである。彼の新作が出る時も、映画祭の記者会見でも、そのことはもう誰の頭にもなかった。

だが、その〝事実〟自体は（虐待があったという事実であるにしろ、なかったという事実であるにしろ）、なくなったわけではない。だから、今、人はまたこのことを話すようになったのである。二〇一四年にこの話題が再浮上、二〇一六年にローナン・ファローが「ザ・ハリウッド・レポーター」に意見記事を寄稿し、二〇一七年に「#MeToo」が起こってウディ・アレンが「セクハラ失業」する中、私はまたあのスキャンダルについて少し考えるようになっていた。もっとしっかり振り返ってみようと思うきっかけが訪れたのは、「レイニーデイ・イン・ニューヨーク」が日本公開された時だ。本国アメリカでは虐待容疑のせいで未公開となったのに、日本で公開しても良いものかという声が日本の知り合いの間で聞かれるようになり、二〇二〇年七月、映画ライターの村山章さん主宰で、「緊急ディスカッション！『ウディ・アレンは社会から抹殺されるべきか？』〜映画と時代とハラスメントとの付き合い方を考える」という配信トークイベントが行われ、私も登壇者の一人として、リモートで参加することになったのである。登壇者は六人で、時間も限られている上、当時、自宅のネット環境が良くなかったためズームも時々途切れたりして、あまり良い話ができたと自分では思えなかった。しかし、その後、この件についてもっと調べてみたいと思うようになり、さらに本や過去の記事を読むようになったのだ。

そこから発見したことは、とても多かった。ウディ・アレン、ミア・ファロー、どちらかだけの話を聞いて判断するのは間違っているとも、あらためてわかった。しかし、両方に耳を傾けても、答を出すのは難しい。「ザ・ガーディアン」紙のハドリー・フリーマンが書いたように、これは「非常に複雑で、白黒つけられない、あるいはアクティビストの望む形に収まらない」出来事なのだ。唯一、明らかなのは、これがとてつもない家族の悲劇だということである。ミア・ファローの子供たちは分断され、お互いを公の場で嘘つき呼ばわりするようになってしまった。彼らはきょうだいであるのに、憎み合っている。一番の被害者がディラン・ファローであることは言うまでもないが、他の子供たちも、とても辛い思いを強いられてきたのだ。

この本は、多くの人々の支えのおかげで実現した。まずは、この本の執筆を勧めてくださった文藝春秋の編集者、小田慶郎さんと、一冊の本を書くのが初めてで苦戦する私を辛抱強く指導し、励まし続けてくださった担当編集者の伊藤淳子さんに、心からお礼を申し上げたい。お二人が私を信じ続けてくださったことはいまだに信じられないと感じる。また、フリーランスの映画ジャーナリストとして駆け出しだった頃、毎月お仕事を振ってくれた集英社の元編集者、秋田圭一郎さんは、私のキャリアの恩人だ。これまでお世話になった、他の数多くの編集者の方々や映画業界の人々、この本を書くきっかけとなった配信イベントを企画してくださった村山章さんにも感謝する。そしてもちろん、ずっと私を支えてくれてきた夫と、遠くにいる両親と妹に、大きなありがとうを捧げたい。

二〇二一年五月

猿渡由紀

参考文献

『Woody Allen: A Biography』（著：John Baxter）
『Apropos of Nothing』（著：Woody Allen）
『What Falls Away』（著：Mia Farrow）
『Catch and Kill』（著：Ronan Farrow）
『Woody and Mia』（著：Kristi Groteke & Marjorie Rosen）
『Then Again』（著：Diane Keaton）
『Woody Allen』（著：Eric Lax）
『Start to Finish: Woody Allen and the Art of Moviemaking』（著：Eric Lax）
『Out Came the Sun』（著：Mariel Hemingway）
「Mia's Story」（「Vanity Fair」1992年11月、Maureen Orth）
「Momma Mia!」（「Vanity Fair」2013年11月、Maureen Orth）
「The Heart Wants What It Wants」（「Time」1992年8月、Walter Isaacson）
「Introducing Soon-Yi Previn」（「New York」2018年9月、Daphne Merkin）
「A Son Speaks Out」（ブログポスト2018年、Moses Farrow）
「How Straight-shooting State Attorney Frank Maco Got Mixed Up in the Woody-Mia Mess」（「Connecticut Magazine」1997年4月、Andy Thibault）
「Allen v Farrow is pure PR. Why else would it omit so much?」（「The Guardian」2021年3月、Hadley Freeman）
「FARROW v. FARROW: The Case of the Magical, Disappearing Electric Toy Train Set」（「This Mortal Coil」2021年2月、Robert B. Weide）

その他に、「New York Times」「Los Angeles Times」「The Wall Street Journal」「The Hollywood Reporter」「Variety」「Deadline」「People」など、多数の記事を参考にした。

本書は書き下ろし作品です。

ウディ・アレン　Woody Allen

1935年12月1日生まれ。米ニューヨーク市ブルックリン出身。映画監督兼俳優兼コメディアン兼ミュージシャン。アカデミー賞に24回ノミネート最多記録を保持。77年『アニー・ホール』でアカデミー監督賞と脚本賞、作品賞受賞、86年『ハンナとその姉妹』でアカデミー脚本賞、2008年『それでも恋するバルセロナ』でペネロペ・クルスに助演女優賞をもたらし、11年『ミッドナイト・イン・パリ』で3度目のアカデミー脚本賞を受賞するなど、世界を代表する映画監督の1人。

ミア・ファロー　Mia Farrow

1945年2月9日生まれ。米カリフォルニア州ロサンジェルス出身。女優モーリン・オサリヴァンと監督ジョン・ファローの第3子として生まれる。「ローズマリーの赤ちゃん」、「華麗なるギャツビー」などで人気を得る。アレンの公私にわたるパートナーで、数々のアレン作品のヒロインを演じたが、泥沼のスキャンダルを経て破局。

ブックデザイン　大久保明子
Photo by George Pimentel /WireImage/Getty Images
DTP制作　エヴリ・シンク

猿渡由紀（Yuki Saruwatari）

1966年、神戸市出身。上智大学文学部新聞学科卒。女性誌編集者（映画担当）を経て 92年渡米。L.A.をベースに、ハリウッドスター、映画監督のインタビュー記事や、撮影現場レポート記事、ハリウッド事情のコラムを、「シュプール」「ハーパース・バザー日本版」「週刊文春」「週刊SPA!」「キネマ旬報」他の雑誌や新聞、Yahoo! JAPAN、文春オンライン、東洋経済オンライン、ぴあ、シネマトゥデイ、ニューズウィーク日本版などのウェブサイトに寄稿。米放送映画批評家協会（CCA）会員、米女性映画批評家サークル（WFCC）会員。映画と同じくらい、ヨガと猫を愛する。

ウディ・アレン追放《ついほう》

2021 年 6 月10日　第 1 刷発行

著　者　猿渡《さるわたり》由《ゆ》紀《き》
発行者　新谷 学
発行所　株式会社　文藝春秋
〒102-8008　東京都千代田区紀尾井町 3-23
電話　03-3265-1211
印　刷　精興社
製本所　加藤製本

万一、落丁、乱丁の場合は、送料当方負担でお取替えいたします。
小社製作部宛にお送りください。
定価はカバーに表示してあります。

ISBN978-4-16-391386-5